DIRECTION DU BULLETIN-COMMENTAIRE DES LOIS NOUVELLES & DÉCRETS

Simon-Auteroche
DOCTEUR EN DROIT
JUGE AU TRIBUNAL CIVIL
A CHALONS-SUR-MARNE

Répression des fraudes

Falsifications de denrées alimentaires

Boissons, marchandises
et produits agricoles

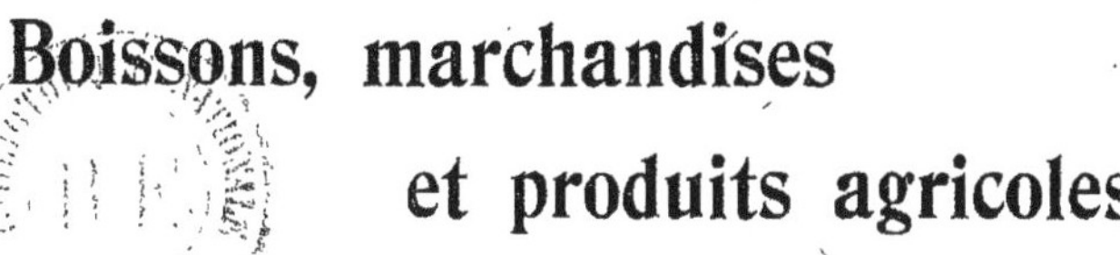

COMMENTAIRE DE LA LOI DU 1er AOUT 1905

SUIVI DU

DÉCRET-RÈGLEMENT DU 31 JUILLET 1906

Pour l'application de ladite loi

ET DE

L'ARRÊTÉ DU 1er AOUT 1906

Fixant les mesures à prendre pour le prélèvement des échantillons

DEUXIÈME ÉDITION

PRIX : 2 FR. FRANCO

ADMINISTRATION

DU BULLETIN-COMMENTAIRE DES LOIS NOUVELLES ET DÉCRETS

Léonce BELZACQ, directeur

103, BOULEVARD SAINT-MICHEL, 103, PARIS (Ve)

AUX LECTEURS,

Nous publions cette seconde édition, revue et corrigée, dans un but de vulgarisation et pour répondre au désir exprimé par un grand nombre de personnes s'intéressant au **Bulletin-Commentaire des Lois Nouvelles et Décrets**, où parut notre première édition.

C'est ainsi que nous éditons chaque mois, depuis treize ans, le commentaire de toutes les lois d'un intérêt général.

On peut donc dire que le **Bulletin-Commentaire des Lois Nouvelles et Décrets** *constitue le supplément par excellence à tous les ouvrages de droit, qu'il tient constamment à jour.*

Aussi le trouve-t-on dans la bibliothèque de toutes les personnes qui, par goût, intérêt ou profession, veulent se tenir au courant de l'évolution législative, si active depuis quelques années.

L'éditeur.

Le Bulletin-Commentaire des Lois Nouvelles et Décrets

Recueil mensuel, d'un abonnement annuel de **7 fr.** (étranger, **8 fr.**), **est le seul recueil publiant en une seule fois,** peu après promulgation, **le commentaire pratique et complet de toutes les lois d'un intérêt général.**

Chaque fascicule contient, outre le commentaire proprement dit, une revue de législation et de jurisprudence et tous les documents législatifs relatifs à la loi commentée.

Cette publication *est indispensable pour bien connaître, appliquer et se conformer aux lois nouvelles.*

Envoi franco d'un numéro spécimen et de la liste des commentaires publiés depuis 1894.

Divisions du recueil :

Tome I. De 1894 à 1897 . . . . Prix : **28** fr.	
Tome II. Années 1898 et 1899 . Prix : **14** fr.	
Tome III. Années 1900 et 1901 . Prix : **14** fr.	**IMPORTANTES RÉDUCTIONS**
Tome IV. Années 1902 et 1903 . Prix : **14** fr.	**Aux abonnés**
Tome V. Années 1904 et 1905 . Prix : **14** fr.	

N. B. La collection entière du **Bulletin-Commentaire** peut être reliée en 2 volumes :
Le 1er, comprenant les tomes I et II, de 1894 à 1899 inclus
Le 2e, comprenant les tomes III, IV et V, de 1900 à 1905 inclus
Reliure demi-chagrin noir ou rouge, prix **3** fr. par volume.

Voir, à la 4e page de la couverture, la liste des principales matières traitées.

COMMENTAIRES EN PRÉPARATION :

Enfants assistés. — Assistance obligatoire. — Patentes. — Jouissance légale (modific. à l'art. 386 du C. civ. Femme veuve ou divorcée). — Réquisitions militaires. — Réhabilitation des faillis et concordat. — Majorité pénale. — Accidents du travail (exploitations commerciales). — Habitations à bon marché. — Warrants agricoles. — Distribution d'énergie électrique. — Sociétés d'assurances sur la vie. — Repos hebdomadaire, etc.

Répression des fraudes

Simon=Auteroche
DOCTEUR EN DROIT
JUGE AU TRIBUNAL CIVIL
A CHALONS-SUR-MARNE

Falsifications de denrées alimentaires

Boissons, marchandises
et produits agricoles

COMMENTAIRE DE LA LOI DU 1er AOUT 1905

SUIVI DU

DÉCRET-RÈGLEMENT DU 31 JUILLET 1906

Pour l'application de ladite loi

ET DE

L'ARRÊTÉ DU 1ER AOUT 1906

Fixant les mesures à prendre pour le prélèvement des échantillons

DEUXIÈME ÉDITION

PRIX : **2** FR. FRANCO

ADMINISTRATION

DU BULLETIN-COMMENTAIRE DES LOIS NOUVELLES ET DÉCRETS

Léonce **BELZACQ**, directeur

103, BOULEVARD SAINT-MICHEL, 103, PARIS (Ve)

Commentaire de la loi du 1er août 1905
sur la répression des fraudes
dans la vente des marchandises et des falsifications
des denrées alimentaires et des produits agricoles.

(N° 2513 du *Supplément à tous les Codes*.)

SOMMAIRE

Index alphabétique

TEXTE

Art. **1er**. Quiconque aura trompé ou tenté de tromper le contractant :

Soit sur la nature, les qualités substantielles, la composition et la teneur en principes utiles de toutes marchandises;

Soit sur leur espèce ou leur origine lorsque, d'après la convention ou les usages, la désignation de l'espèce ou de l'origine faussement attribuées aux marchandises, devra être considérée comme la cause principale de la vente ;

Soit sur la quantité des choses livrées ou sur leur identité par la livraison d'une marchandise autre que la chose déterminée qui a fait l'objet du contrat ;

Sera puni de l'emprisonnement, pendant trois mois au moins, un an au plus, et d'une amende de cent francs (100 fr.) au moins, de cinq mille francs (5,000 fr.) au plus, ou de l'une de ces deux peines seulement.

2. L'emprisonnement pourra être porté à deux ans, si le délit ou la tentative de délit prévus par l'article précédent ont été commis :

Soit à l'aide de poids, mesures et autres instruments faux ou inexacts ;

Soit à l'aide de manœuvres ou procédés tendant à fausser les opérations de l'analyse ou du dosage, du pesage ou du mesurage, ou bien à modifier frauduleusement la composition, le poids ou le volume des marchandises, même avant ces opérations;

Soit, enfin, à l'aide d'indications frauduleuses tendant à faire croire à une opération antérieure et exacte.

3. Seront punis des peines portées par l'article 1er de la présente loi :

1° Ceux qui falsifieront des denrées servant à l'alimentation de l'homme ou des animaux, des substances médicamenteuses, des boissons et des produits agricoles ou naturels destinés à être vendus ;

2° Ceux qui exposeront, mettront en vente ou vendront des denrées servant à l'alimentation de l'homme ou des animaux, des boissons et des produits agricoles ou naturels qu'ils sauront être falsifiés ou corrompus ou toxiques ;

3° Ceux qui exposeront, mettront en vente ou vendront des substances médicamenteuses falsifiées ;

4° Ceux qui exposeront, mettront en vente ou vendront, sous forme indiquant leur destination, des produits propres à effectuer la falsification des denrées servant à l'alimentation de l'homme ou des animaux, des boissons et des produits agricoles ou naturels et ceux qui auront provoqué à leur emploi par le moyen de brochures, circulaires, prospectus, affiches, annonces ou instructions quelconques.

Si la substance falsifiée ou corrompue est nuisible à la santé de l'homme ou des animaux ou si elle est toxique, de même si la substance médicamenteuse falsifiée est nuisible à la santé de l'homme ou des animaux, l'emprisonnement devra être appliqué. Il sera de trois mois à deux ans et l'amende de cinq cents francs (500 fr.) à dix mille francs (10,000 fr.).

Ces peines seront applicables même au cas où la falsification nuisible serait connue de l'acheteur ou du consommateur.

Les dispositions du présent article ne sont pas applicables aux fruits frais et légumes frais fermentés ou corrompus.

4. Seront punis d'une amende de cinquante francs (50 fr.) à trois mille francs (3,000 fr.) et d'un emprisonnement de six jours au moins et de trois mois au plus, ou de l'une de ces deux peines seulement :

Ceux qui, sans motifs légitimes, seront trouvés détenteurs dans leurs magasins, boutiques, ateliers, maisons ou voitures servant à leur commerce ainsi que dans les entrepôts, abattoirs et leurs dépendances et dans les gares ou dans les halles, foires et marchés :

Soit de poids ou mesures faux ou autres appareils inexacts servant au pesage ou au mesurage des marchandises ;

Soit de denrées servant à l'alimentation de l'homme ou des animaux, de boissons, de produits agricoles ou naturels qu'ils savaient être falsifiés, corrompus ou toxiques ;

Soit de substances médicamenteuses falsifiées ;

Soit de produits, sous forme indiquant leur destination propres à effectuer la falsification des denrées servant à l'alimentation de l'homme ou des animaux, ou des produits agricoles ou naturels ;

Si la substance alimentaire falsifiée ou corrompue est nuisible à la santé de l'homme ou des animaux ou si elle est toxique, de même si la substance médicamenteuse falsifiée est nuisible à la santé de l'homme ou des animaux, l'emprisonnement devra être appliqué.

Il sera de trois mois à un an et l'amende de cent francs (100 fr.) à cinq mille francs (5,000 fr.).

Les dispositions du présent article ne sont pas applicables aux fruits frais et légumes frais fermentés ou corrompus.

5. Sera considéré comme étant en état de récidive légale quiconque ayant été condamné par application de la présente loi ou par application des lois sur les fraudes dans la vente :

1° Des engrais (loi du 4 février 1888) ;

2° Des vins, cidres et poirés (lois des 14 août 1889, 11 juillet 1891, 24 juillet 1894, 6 avril 1897) ;

3° Des sérums thérapeutiques (loi du 25 avril 1895) ;

4° Des beurres (loi du 16 avril 1897) ;

5° De la saccharine (art. 49 et 53 de la loi du 30 mars 1902) ;

6° Des sucres (loi du 28 janvier 1903, art. 7 ; loi du 31 mars 1903, art. 32) ;

Aura, dans les cinq ans qui suivront la date à laquelle cette condamnation sera devenue définitive, commis un nouveau délit tombant sous l'application de la présente loi ou des lois susvisées.

Au cas de récidive, les peines d'emprisonnement et d'affichage devront être appliquées.

6. Les objets dont les vente, usage ou détention constituent le délit, s'ils appartiennent encore au vendeur ou détenteur, seront confisqués ; les poids et autres instruments de pesage, mesurage ou dosage, faux ou inexacts, devront être aussi confisqués et, de plus, seront brisés.

Si les objets confisqués sont utilisables, le tribunal pourra les mettre à la disposition de l'administration, pour être attribués aux établissements d'assistance publique.

S'ils sont inutilisables ou nuisibles, les objets seront détruits ou répandus aux frais du condamné.

Le tribunal pourra ordonner que la destruction ou effusion aura lieu devant l'établissement ou le domicile du condamné.

7. Le tribunal pourra ordonner, dans tous les cas, que le jugement de condamnation sera publié intégralement ou par extraits dans les journaux qu'il désignera et affiché dans les lieux qu'il indiquera, notamment aux portes du domicile, des magasins, usines et ateliers du condamné, le tout aux frais du condamné, sans toutefois que les frais de cette publication puissent dépasser le maximum de l'amende encourue.

Lorsque l'affichage sera ordonné, le tribunal fixera les dimensions de l'affiche et les caractères typographiques qui devront être employés pour son impression.

En ce cas et dans tous les autres cas où les tribunaux sont autorisés à ordonner l'affichage de leur jugement à titre de pénalité pour la répression des fraudes, ils devront fixer le temps pendant lequel cet affichage devra être maintenu, sans que la durée en puisse excéder sept jours.

Au cas de suppression, de dissimulation ou de lacération totale ou partielle des affiches ordonnées par le jugement de condamnation, il sera procédé de nouveau à l'exécution intégrale des dispositions du jugement relatives à l'affichage.

Lorsque la suppression, la dissimulation ou la lacération totale ou partielle aura été opérée volontairement par le condamné, à son instigation ou par ses ordres, elle entraînera contre celui-ci l'application d'une peine d'amende de cinquante francs (50 fr.) à mille francs (1,000 fr.).

La récidive de suppression, de dissimulation ou de lacération volontaire d'affiches par le condamné, à son instigation ou par ses ordres, sera punie d'un emprisonnement de six jours à un mois et d'une amende de cent francs (100 fr.) à deux mille francs (2,000 fr.).

Lorsque l'affichage aura été ordonné à la porte des magasins du condamné, l'exécution du jugement ne pourra être entravée par la vente du fonds de commerce réalisée postérieurement à la première décision qui a ordonné l'affichage.

8. Toute poursuite exercée en vertu de la présente loi devra être continuée et terminée en vertu des mêmes textes.

L'article 463 du Code pénal sera applicable même au cas de récidive, aux délits prévus par la présente loi.

Le tribunal, en cas de circonstances atténuantes, pourra ne pas ordonner l'affichage et ne pas appliquer l'emprisonnement.

Le sursis à l'exécution des peines d'amende édictées par la présente loi ne pourra être prononcé en vertu de la loi du 26 mars 1891.

9. Les amendes prononcées en vertu de la présente loi seront réparties d'après les règles tracées à l'article 11 de la loi de finances du 26 décembre 1890, modifiée par l'article 45 de la loi de finances du 29 avril 1893 et par l'article 83 de la loi de finances du 13 avril 1898.

Les délinquants condamnés aux dépens auront à acquitter, de ce chef, en dehors des frais ordinaires et au profit des communes, les frais d'expertise engagés par ces dernières lorsqu'elles auront pris l'initiative de déceler la fraude et d'en saisir la justice (laboratoires municipaux).

La commission départementale peut, sur la proposition du préfet, accorder aux communes qui auront organisé une police municipale alimentaire des subventions prélevées sur le reliquat disponible du fonds commun.

10. En cas d'action pour tromperie ou tentative de tromperie sur l'origine des marchandises, des denrées alimentaires ou des produits agricoles et naturels, le magistrat instructeur ou les tribunaux pourront ordonner la production des registres et documents des diverses administrations et notamment celles des contributions indirectes et des entrepreneurs de transports.

11. Il sera statué par des règlements d'administration publique sur les mesures à prendre pour assurer l'exécution de la présente loi, notamment en ce qui concerne :

1° La vente, la mise en vente, l'exposition et la détention des denrées, boissons, substances et produits qui donneront lieu à l'application de la présente loi;

2° Les inscriptions et marques indiquant soit la composition, soit l'origine des marchandises, soit les appellations régionales et de crus particuliers que les acheteurs pourront exiger sur les factures, sur les emballages ou sur les produits eux-mêmes, à titre de garantie de la part des vendeurs, ainsi que les indications extérieures ou apparentes nécessaires pour assurer la loyauté de la vente et de la mise en vente;

3° Les formalités prescrites pour opérer des prélèvements d'échantillons et procéder contradictoirement aux expertises sur les marchandises suspectes;

4° Le choix des méthodes d'analyses destinées à établir la composition, les éléments constitutifs et la teneur en principes utiles des produits ou à reconnaître leur falsification;

5° Les autorités qualifiées pour rechercher et constater les infractions à la présente loi, ainsi que les pouvoirs qui leur seront conférés pour recueillir des éléments d'information auprès des diverses administrations publiques et des concessionnaires de transports,

12. Toutes les expertises nécessitées par l'application de la présente loi seront contradictoires et le prix des échantillons reconnus bons sera remboursé d'après leur valeur le jour du prélèvement.

13. Les infractions aux prescriptions des règlements d'administration publique, pris en vertu de l'article précédent, seront punies d'une amende de seize francs (16 fr.) à cinquante francs (50 fr.).

Au cas de récidive dans l'année de la condamnation, l'amende sera de cinquante francs (50 fr.) à cinq cents francs (500 fr.).

Au cas de nouvelle infraction constatée dans l'année qui suivra la deuxième condamnation, l'amende sera de cinq cents francs (500 fr.) à mille francs (1,000 fr.) et un emprisonnement de six jours à quinze jours pourra être prononcé.

14. L'article 423, le paragraphe 2 de l'article 477 du Code pénal, la loi du 27 mars 1851 tendant à la répression plus efficace de certaines fraudes dans la vente des marchandises, la loi des 5 et 9 mai 1855 sur la répression des fraudes dans la vente des boissons, sont abrogées.

Néanmoins, les incapacités électorales édictées par la loi du 24 janvier 1889 continueront à être appliquées comme conséquence des peines prononcées en vertu de la présente loi.

15. Les pénalités de la présente loi et ses dispositions en ce qui concerne l'affichage et les infractions aux règlements d'administration publique rendus pour son exécution sont applicables aux lois spéciales concernant la répression des fraudes dans le commerce des engrais, des vins, cidres et poirés, des sérums thérapeutiques, du beurre et la fabrication de la margarine. Elles sont substituées aux pénalités et dispositions de l'article 423 du Code pénal et de la loi du 27 mars 1851 dans tous les cas où des lois postérieures renvoient aux textes desdites lois, notamment dans les :

Article 1er de la loi du 28 juillet 1824 sur altérations de noms ou suppositions de noms sur les produits fabriqués;

Articles 1 et 2 de la loi du 4 février 1888 concernant la répression des fraudes dans le commerce des engrais;

Articles 7 de la loi du 14 août 1889, 2 de la loi du 11 juillet 1891 et 1er de la loi du 24 juillet 1894 relatives aux fraudes commises dans la vente des vins;

Article 3 de la loi du 25 avril 1895 relative à la vente des sérums thérapeutiques;

Article 3 de la loi du 6 avril 1897 concernant les vins, cidres et poirés;

Articles 17, 19 et 20 de la loi du 16 avril 1897 concernant la répression de la fraude dans le commerce du beurre et la fabrication de la margarine.

La pénalité d'affichage est rendue applicable aux infractions prévues et punies par les articles 49 et 53 de la loi de finances du 30 mars 1902, 7 de la loi du 28 janvier 1903, 32 de la loi de finances du 31 mars 1903, et par les articles 2 et 3 de la loi du 18 juillet 1904.

16. La présente loi est applicable à l'Algérie et aux colonies.

———

I.

Législation antérieure; origine et objet de la nouvelle loi.

1. ARTICLE 423 DU CODE PÉNAL; LOIS DES 27 MARS 1851 ET 5 MAI 1855. — L'article 423 du Code pénal punissait la tromperie sur le titre des matières d'or ou d'argent, sur la qualité d'une pierre fausse vendue pour fine, sur la nature de toute marchandise, et aussi la tromperie, par usage de faux poids ou de fausses mesures, sur la quantité des choses vendues.

La loi du 27 mars 1851, qui avait abrogé les articles 475-14° et 479-5° du Code pénal frappant seulement de peines de simple police l'exposition en vente des comestibles gâtés, corrompus ou nuisibles, et la détention de faux poids ou de fausses mesures, punissait la falsification des substances ou denrées alimentaires ou médicamenteuses, la vente et la mise en vente de ces mêmes substances ou denrées falsifiées ou corrompues, la tromperie ou tentative de tromperie sur la quantité des choses livrées, tant par l'usage de faux poids ou fausses mesures que par des manœuvres ou indications frauduleuses, et enfin la détention dans les magasins, boutiques, ateliers, etc., soit de poids ou mesures faux, ou d'autres appareils inexacts, soit de substances alimentaires ou médicamenteuses falsifiées ou corrompues.

Cette loi du 27 mars 1851 avait été déclarée applicable aux boissons par la loi du 5 mai 1855.

L'article 423 du Code pénal et les deux lois de 1851 et de 1855 ont été abrogés par la nouvelle loi du 1er août 1905, qui en a repris les diverses dispositions en les complétant et en les étendant de manière à pouvoir atteindre certains faits délictueux qui, précédemment, échappaient à la répression, et à punir plus sévèrement la fraude chaque fois qu'on peut la découvrir.

2. LOIS SPÉCIALES CONCERNANT LA FRAUDE DANS LE COMMERCE DES ENGRAIS, DES VINS, DES BEURRES, ETC. — A côté de l'article 423 du Code pénal et de la loi du 27 mars 1851, qui constituaient, pour ainsi dire, le droit commun pour la répression de la tromperie dans les ventes et de la falsification, de nombreuses lois ont été votées, depuis un certain nombre d'années, qui ont pour but de punir spécialement les fraudes commises dans la vente de divers produits ou marchandises. Ces lois, loin d'avoir été abrogées par la loi du 1er août 1905, ont, au contraire, conservé tout leur effet en ce qui concerne les délits spécialement visés par elles; le législateur de 1905 a même voulu en rendre la sanction plus rigoureuse, en les assimilant à la nouvelle loi sous le rapport de la récidive et des pénalités. Voir ci-dessous nos 52 et 60.

Les lois spéciales dont nous parlons, et dans le détail desquelles nous n'avons pas à entrer ici, sont :

1° La loi du 4 février 1888, concernant la répression de la fraude dans le commerce des engrais, suivie du décret portant règlement d'administration publique du 10 mai 1889;

2° Les lois ayant pour but de réprimer la fraude dans le commerce des vins, savoir : la loi du 14 août 1889, relative aux vins de raisins secs et à la falsification des vins opérée avec le produit de la fermentation ou de la distillation des figues, caroubes, etc.; — la loi du 11 juillet 1891 relative aux vins de marc ou de sucre, à la falsification des vins à l'aide de matières colorantes, d'acides sulfurique, nitrique, etc., et aussi au plâtrage des vins; — la loi du 24 juillet 1894, relative à l'alcoolisation et au mouillage des vins, à laquelle il faut ajouter le décret du 19 avril 1898 sur les vins suralcoolisés; — et enfin la loi du 6 avril 1897 concernant la fabrication, la circulation et la vente des vins artificiels et des cidres et poirés produits autrement que par la fermentation des pommes et poires fraîches;

3° La loi du 25 avril 1895 relative à la préparation, à la vente et à la distribution des sérums thérapeutiques et autres produits analogues;

4° La loi du 16 avril 1897 concernant la répression de la fraude dans le commerce du beurre et la fabrication de la margarine, suivie du décret portant règlement d'administration publique du 9 novembre 1897;

5° Les articles 49 et 53 de la loi de finances du 30 mars 1902, relatifs à la fabrication et à l'emploi de la saccharine ou de toute autre substance édulcorante artificielle, suivis du décret du 12 avril 1902 et du décret portant règlement d'administration publique du 16 mai 1903 ;

6° L'article 7 de la loi du 28 janvier 1903, relatif à l'addition de sucre à la vendange et à la fabrication des vins de sucre, suivi du décret portant règlement d'administration publique du 21 août 1903 ;

7° L'article 32 de la loi de finances du 31 mars 1903, interdisant l'emploi de glucose dans la vinification.

3. Loi du 1ᵉʳ août 1905. — Cette loi est due à un projet déposé par M. Méline, ministre de l'agriculture, dans la séance du Sénat du 6 avril 1898 (*Officiel*, documents du Sénat, session ordinaire de 1898, annexe n° 248, p. 406). Nous ne mentionnerons que pour mémoire un chapitre intitulé « Des fraudes et sophistications, » compris dans un projet de loi sur le Code rural déposé en 1885 au Sénat par M. Gomot, ministre de l'agriculture (*Officiel*, documents du Sénat, session extraordinaire de 1885, annexe n° 75, p. 51), et un projet de loi « sur la répression de la fraude dans la vente des marchandises » déposé en 1895 au Sénat par M. Gadaud, aussi ministre de l'agriculture (*Officiel*, documents du Sénat, session extraordinaire de 1895, annexe n° 2, p. 403), et repris et développé par M. Méline.

Après un rapport de M. Thévenet (*Officiel*, documents du Sénat, session extraordinaire de 1898, annexe n° 324, p. 641), le projet de M. Méline fut voté par le Sénat en première délibération dans la séance du 24 janvier 1899, et en seconde délibération dans la séance du 2 février suivant ; il n'y fut apporté que peu de modifications.

Présenté ensuite à la Chambre des députés, et renvoyé par celle-ci à la commission de l'agriculture, le projet fut d'abord l'objet d'un rapport de M. Trannoy (*Officiel*, documents de la Chambre, session ordinaire de 1899, annexe n° 940, p. 1577), et de deux rapports supplémentaires de celui-ci (*Officiel*, documents de la Chambre, session ordinaire de 1899, annexe n° 1017, p. 1668, et session ordinaire de 1901, annexe n° 2453, p. 555), puis, à cause du renouvellement de la Chambre, d'un nouveau rapport de M. Dauzon (*Officiel*, documents de la Chambre, session ordinaire de 1903, annexe n° 1044, p. 1912). C'est seulement le 10 novembre 1904 qu'il vint en discussion devant la Chambre ; celle-ci ne consacra pas moins de dix séances à cette discussion (séances du matin), et le projet fut voté par la Chambre, après déclaration d'urgence, le 23 février 1905.

Par suite des modifications que la Chambre des députés avait fait subir au texte adopté par le Sénat, le projet dut revenir devant ce dernier ; sur le rapport de M. Trannoy (Documents du Sénat, session ordinaire de 1905, annexe n° 174, non encore paru à l'*Officiel*), le Sénat, dans sa séance du 7 juillet 1905, l'adopta sans discussion, après déclaration d'urgence, pour ne pas apporter de nouveaux retards dans la confection de cette loi réclamée depuis longtemps, disait M. Trannoy dans son rapport, par les conseils généraux, les chambres de commerce et les sociétés d'agriculture.

L'objet de la loi du 1ᵉʳ août 1905 est, comme on l'a déjà vu, d'atteindre plus efficacement la fraude et de la réprimer plus rigoureusement qu'on ne pouvait le faire avec l'article 423 du Code pénal et les lois des 27 mars 1851 et 5 mai 1855 : d'une part, elle permet de poursuivre la simple tentative de tromperie sur la nature, les qualités, l'origine ou l'espèce de la marchandise (article 1ᵉʳ), alors qu'en vertu de l'article 423 du Code pénal, la tromperie consommée pouvait seule être punie ; elle permet d'atteindre directement, et non plus seulement par application des articles 59 et 60 du Code pénal sur la complicité, ceux qui procurent aux fraudeurs les moyens de falsifier leurs produits (article 3 4°) ; enfin, avec les règlements d'administration publique prévus par l'article 11, et sur lesquels ont, avec raison, selon nous, beaucoup compté les auteurs de la loi, elle met les autorités administrative et judiciaire à même d'agir non seulement plus sûrement contre tous les genres de fraude actuellement connus, mais aussi plus rapidement contre toute autre espèce de fraude qui viendrait à être découverte, et, l'on sait, hélas, qu'en cette matière on se trouve presque chaque jour en présence d'inventions nouvelles ; d'autre part, la loi de 1905 a aggravé la répression de la fraude par les mesures suivantes : taux fixe et chiffre élevé des amendes, refus du bénéfice de la loi de sursis pour les condamnations à une amende (article 8, § 4), assimilation, pour la récidive, de la présente loi et des lois spéciales énumérées ci-dessus (article 5), organisation de la peine de l'affichage, dont l'exécution ne se trouvait pas suffisamment assurée sous l'ancienne législation (article 7), application des mêmes pénalités aux délits prévus par les lois spéciales (article 15).

Telles sont les principales innovations de la loi nouvelle ; les intérêts de l'agriculture, les intérêts du commerce honnête ont été, dans la préparation de cette loi, le souci constant du législateur ; il faut espérer que son travail et sa peine n'auront pas été dépensés en vain.

II.

Tromperie ou tentative de tromperie sur la nature, les qualités, l'espèce ou l'origine, la quantité ou l'identité des marchandises.

4. Transactions visées par l'article 1er.
— L'article 423 du Code pénal, qui punissait la tromperie sur la nature et la quantité de la marchandise, ne s'appliquait qu'au cas où il y avait eu *vente* (Cassation, 5 janvier 1855, Dalloz, 1855, 1, 85; 5 février 1869, Dalloz, 1869, 1, 387; 5 janvier 1895, Dalloz, 1895, 1, 375); l'article 423 commençait, en effet, par ces mots : « Quiconque aura trompé l'*acheteur* » et parlait ensuite de la pierre fausse ou des choses « vendues » et du « vendeur. » Toutefois, au contrat de vente la Cour de cassation assimilait l'échange (Cassation, 18 novembre 1858, Dalloz, 1858, 1, 480). Comp. Blanche, *Études sur le droit pénal*, 2e édit., t. VI, n° 366; Chauveau et Faustin Hélie, *Théorie du Code pénal*, 6e édit., t. V, n°s 2422 et 2423; Garraud, *Traité du droit pénal français*, 2e édit., t. VI, n° 2486.

D'autre part, l'article 1er-3° de la loi du 27 mars 1851, qui punissait la tromperie, dans des conditions plus larges que l'article 423 du Code pénal, et même la tentative de tromperie sur la quantité des choses livrées, parlait expressément de ceux qui auraient trompé ou tenté de tromper « les personnes auxquelles ils vendent ou achètent, » ce qui indiquait bien encore incontestablement que cette disposition n'était applicable que quand il y avait eu contrat de vente; ici encore, néanmoins, la jurisprudence assimilait à la vente la dation en paiement (Nancy, 26 décembre 1859, Dalloz, 1860, 5, 412).

Le projet de loi déposé au Sénat par M. Méline ne visait aussi que le cas où il y avait eu vente, où on avait trompé ou tenté de tromper l'*acheteur*, et l'article 1er avait été ainsi voté par le Sénat, mais à la séance de la Chambre des députés du 8 décembre 1904 (*Officiel* du 9 décembre, p. 2931), M. Perroche ayant déposé un amendement ainsi conçu : « Les dispositions qui précèdent sont applicables à quiconque aura trompé ou tenté de tromper l'échangiste ou le créancier, » le mot *contractant*, après les explications de M. Perroche et sur l'avis conforme de la commission, fut substitué au mot *acheteur* dans le premier paragraphe de l'article 1er. « Le procédé le plus efficace de réaliser ce que je désire, disait M. Perroche en expliquant le but de son amendement, consisterait à substituer au mot « acheteur » le mot générique de « contractant. » Cette expression de « contractant » est, en effet, au mot « acheteur » ce que l'espèce est au genre. — Cette substitution d'un mot à un autre suffirait pour permettre aux tribunaux, sans user de leur pouvoir d'interprétation, de réprimer les fraudes et tentatives de fraude commises dans toutes les conventions ayant pour objet une dation ou livraison de marchandises. »

La volonté du législateur apparaît ainsi bien nette : la tromperie ou la tentative de tromperie constituera un délit non seulement quand il y aura vente ou même échange, mais encore quand, en exécution d'un contrat quelconque, une marchandise devra être livrée, par exemple, à titre de paiement de métayage ou de paiement de salaire, comme l'indiquait M. Perroche; en un mot, peu importe la nature du contrat : dès qu'il y a obligation de livrer une marchandise, l'article 1er de la nouvelle loi est applicable.

Il nous semble à peine nécessaire d'ajouter qu'on ne saurait, pour restreindre l'application de la loi au contrat de vente, tirer argument ni du titre de la loi, « répression des fraudes *dans la vente* des marchandises, » ni du troisième paragraphe de l'article 1er, où il est supposé que la désignation de l'espèce ou de l'origine des marchandises aura été « considérée comme la cause principale de la vente. » Dans l'un et l'autre cas, le maintien du mot vente, qui aurait dû disparaître après le vote de la modification du paragraphe 1er proposée par M. Perroche, ne peut être évidemment attribué qu'à un oubli du législateur.

Nous croyons toutefois que si l'article 1er de la nouvelle loi peut s'appliquer à toute livraison de marchandises, il faut néanmoins que cette livraison soit la réalisation d'un contrat ayant pour objet de transférer la propriété d'une marchandise, tel qu'une vente, un échange, une dation en paiement, et que les dispositions de l'article 1er seraient inapplicables si la livraison n'avait lieu, par exemple, que pour l'exécution d'un contrat de louage ou de nantissement : ainsi, celui qui aurait remis en gage une pierre fausse en affirmant que c'était une pierre fine ne tomberait pas, suivant nous, sous le coup de l'article 1er. Cela paraît bien résulter des explications échangées à la Chambre des députés, au sujet de la substitution du mot *contractant* au mot *acheteur*.

Les dispositions de l'article 1er de la loi du 1er août 1905 sont-elles applicables aux contrats à titre gratuit? Le donateur qui aura trompé le donataire sur la nature ou la quantité de la chose donnée pourra-t-il, par exemple, être poursuivi en vertu de cet article? Nous nous prononcerons pour la négative, malgré le sens général du mot « contractant »; d'une part, en effet, dans les explications données à l'appui de son amendement par M. Perroche, celui-ci ne fait allusion qu'à des contrats à titre onéreux; d'autre part, et surtout, si le législateur avait voulu étendre la loi nouvelle même aux donations, pour lesquelles la garantie n'est, d'ailleurs, pas due, en principe, sauf au cas de constitution de dot (articles 1440 et 1547 du Code civil), il n'aurait pas manqué de le faire connaître.

Remarquons enfin, que la tromperie peut provenir non seulement de celui qui livre la chose, mais encore de celui qui la reçoit. Ainsi l'acheteur, chargé de procéder au pesage de la marchandise, se servira de faux poids et il en résultera un avantage à son profit. Ce cas était déjà prévu par l'article 1er-3° de la loi du 27 mars 1851, mais l'article 423 du Code pénal ne punissait la tromperie sur la nature de la chose vendue que si elle provenait du vendeur.

Le projet de la nouvelle loi ne parlant également que de la tromperie provenant du vendeur, M. Aldy, député, avait proposé un article additionnel devant prendre place immédiatement après l'article 2, et ainsi conçu : « Ceux qui, par l'un des moyens énoncés à l'article précédent, auront trompé ou tenté de tromper sur la quantité des choses livrées les personnes auxquelles ils achètent, seront punis des peines portées à l'article 1er de la présente loi. » Mais on fit remarquer à M. Aldy que cet article additionnel « tombait, par suite de la substitution du mot *contractant* au mot *acheteur*, » et il retira son amendement (1re séance de la Chambre du 8 décembre 1904, *Officiel* du 9 décembre, p. 2933 et suiv.).

Il faut conclure de là que l'article 1er de la nouvelle loi s'applique non seulement à toutes conventions à titre onéreux ayant pour objet de transférer la propriété d'une chose, mais aussi à toutes les parties figurant à cette convention et devant soit livrer, soit recevoir la chose. Ainsi, tomberait sous le coup de l'article 1er l'acheteur qui aurait trompé le vendeur, en lui faisant croire que la pierre, objet du marché, était une pierre fausse, alors qu'en réalité c'était une pierre fine.

5. Sens général du mot « marchandises ». — On doit considérer cette expression comme désignant toute chose mobilière pouvant valablement faire l'objet d'une obligation de livrer, ou, pour mieux dire, de donner, c'est-à-dire de transférer la propriété ; cette définition s'impose en présence de la généralité des transactions visées par l'article 1er.

Il suffirait même que la chose pût faire valablement l'objet d'une obligation de la part du créancier seulement ; ainsi, un remède secret sera considéré comme une marchandise, la vente de ces remèdes n'étant réprimée qu'à l'égard des vendeurs (Cassation, 8 juin 1855, Dalloz, 1855, 1, 303 ; 7 décembre 1855, *Bulletin criminel*, 1855, n° 390).

6. De la tromperie en général. — Il y a tromperie dès que l'une des parties n'a pas reçu de l'autre ce qu'elle devait recevoir d'après le contrat ; par exemple, l'acheteur avait demandé et croyait recevoir de la graine de luzerne « cultivée » et le vendeur a livré sciemment de la graine de luzerne « dentelée » (Cassation, 15 mars 1877, Dalloz, 1878, 1, 398) ; il n'est pas nécessaire qu'il y ait eu des manœuvres frauduleuses ; si ces manœuvres avaient existé, il y aurait, suivant les cas, soit tromperie avec circonstances aggravantes, prévue et punie par l'article 2 de la nouvelle loi, soit escroquerie ; voir sur ce dernier point : Cassation, 11 février 1853, Dalloz, 1854, 5, 322 ; 10 décembre 1858, Dalloz, 1859, 1, 96 ; Douai, 12 novembre 1867, Dalloz, 70, 2, 18 ; Cassation, 27 décembre 1879, Dalloz, *Suppl. au Répert. alphab.*, v° Appel en matière criminelle, n° 117 ; comp. Garraud, *op. cit.*, t. VI, n° 2482.

Sous la législation antérieure, la tromperie sur la quantité n'était punissable, en dehors, bien entendu, des cas d'escroquerie, que si elle avait été accompagnée des manœuvres prévues par les articles 423 du Code pénal et 1er-3° de la loi du 27 mars 1851 ; aujourd'hui, aux termes de l'article 1er de la loi de 1905, elle est punissable en dehors même de toute manœuvre ou procédé frauduleux, comme toutes les autres tromperies prévues dans cet article.

Mais il n'y a pas tromperie dès que la partie à laquelle la marchandise a été ou a dû être livrée savait ou pouvait savoir que cette marchandise n'était pas exactement, quant à la nature ou à la quantité, celle qui avait fait l'objet du contrat (Paris, 9 août 1859, Dalloz, 59, 5, 399 ; Cassation, 22 novembre 1860, Dalloz, 1860, 5, 413 ; Bruxelles, 8 août 1862, Dalloz, 1865, 5, 405 ; voir également : Cassation, 1er juillet 1893 et 3 novembre 1894, Dalloz, 1896, 1, 53).

7. Tentative de tromperie. — L'article 423 du Code pénal ne punissait que la tromperie et non la simple *tentative de tromperie* sur la nature de la marchandise vendue (Blanche, *op. cit.*, t. VI, n° 369 ; Chauveau et Faustin Hélie, *op. cit.*, t. V, n°s 2412 et suiv. ; Garraud, *op. cit.*, t. VI, n° 2485 ; Cassation, 1er octobre 1857, Dalloz, 1858, 1, 189 ; 1er juillet 1859, Dalloz, 1859, 1, 336 ; 14 mai 1875, Dalloz, 1876, 1, 332) ; quand il s'agissait de tromperie sur la quantité des choses livrées, la tentative était, au contraire, punissable, d'après le texte même de l'article 1er-3° de la loi du 27 mars 1851.

La nouvelle loi du 1er août 1905 a supprimé cette différence ; dans tous les cas de tromperie prévus par elle, la tentative est assimilée au délit consommé (articles 1er, § 1, et 2, § 1).

Quand y aura-t-il tentative punissable ? Les caractères de la tentative, tels qu'ils sont spécifiés dans l'article 2 du Code pénal (actes d'exécutions suspendus ou manquant leur effet indépendamment de la volonté de leur auteur), sont-ils « un élément constitutif et nécessaire » de la tentative du délit de tromperie punie par la loi de 1905 ?

D'une manière générale, la jurisprudence décide que l'article 2 du Code pénal ne s'applique qu'aux crimes (Cassation, 23 février 1851, Dalloz, 1852, 5, 530; 6 octobre 1854, Dalloz, 1855, 1, 186; 1er juillet 1880, Dalloz, 1896, 1, 21, en sous-note; comp. toutefois Cassation, 4 avril 1857, Dalloz, 1857, 1, 265, et 4 janvier 1895, Dalloz, 1896, 1, 21); la doctrine exige, au contraire, que la tentative de délit présente tous les caractères prévus par l'article 2 du Code pénal pour la tentative de crime (voir notamment Blanche, *op. cit.*, t. I, n° 20; Chauveau et Faustin Hélie, *op. cit.*, t. I, n° 267; Garraud, *op. cit.*, t. I, n° 217).

En ce qui concerne la tentative de tromperie sur la quantité des choses livrées, prévue et punie par l'article 1er-3° de la loi de 1851, l'arrêt précité du 6 octobre 1854 déclare que « l'article 1er-3° de cette loi n'exige pas que les tribunaux correctionnels reconnaissent et mentionnent, dans leurs jugements, que la tentative du délit de tromperie est caractérisée conformément à l'article 2 du Code pénal »; d'autre part, il a été souvent jugé que la simple mise en vente d'une marchandise ne pesant pas le poids voulu constituait la tentative de tromperie sur la quantité des choses livrées; voir notamment Orléans, 11 novembre 1851, Dalloz, 1852, 2, 228; Cassation, 6 octobre 1854, précité; 25 avril 1867, *Bulletin criminel*, 1867, n° 99; comp. Garraud, *op. cit.*, t. VI, n° 2502.

Le législateur de 1905 n'ayant fait qu'étendre à tous les cas de tromperie visés par la nouvelle loi la répression de la tentative déjà punie par l'article 1er-3° de la loi de 1851, il est légitime de supposer qu'il a entendu se référer au système déjà admis par la jurisprudence non-seulement quand il s'agit de tentative de délits en général, mais spécialement quand il s'agit de tentative de tromperie sur la quantité des choses livrées, et c'est d'après cette jurisprudence qu'il conviendra d'apprécier la tentative de tromperie prévue et punie par l'article 1er de la loi du 1er août 1905; pour que cette tentative soit punissable, il ne sera donc pas nécessaire qu'elle présente les caractères spécifiés dans l'article 2 du Code pénal.

8. Nécessité d'une intention frauduleuse. — La tromperie et la tentative de tromperie ne peuvent être poursuivies que s'il y a eu de la part de l'agent une *intention frauduleuse*, que si le délit ou la tentative ont été commis *sciemment* (Garraud, *op. cit.*, t. VI, n° 2481; Nîmes, 21 novembre 1861, Dalloz, 1862, 5, 340; Cassation, 18 juin 1898, Dalloz, 1900, 1, 83); cette nécessité de l'existence de la mauvaise foi ne paraît pas, d'ailleurs, avoir jamais été contestée sérieusement sous l'ancienne législation, et elle a été de nouveau expressément reconnue dans la discussion à la Chambre de la nouvelle loi, tant en ce qui concerne la tromperie consommée qu'en ce qui concerne la tentative de tromperie (1re séance du 24 novembre 1904, *Officiel* du 25 novembre, p. 2630, 2631). Voir aussi les observations de M. Thévenet, rapporteur du projet de loi (Séance du Sénat, du 2 février 1899, *Officiel* du 3 février, p. 89).

9. De la complicité. — Les dispositions des articles 59 et 60 du Code pénal sont, en principe et sauf dérogation expresse, applicables aux délits prévus tant par le Code pénal que par les lois spéciales (Dalloz, *Répert. alphab.*, v° Complicité, n° 84). Elles étaient donc applicables, ceci ne semble non plus jamais avoir été contesté, au délit de tromperie puni par l'article 423 du Code pénal et l'article 1er-3° de la loi de 1851, et elles doivent être applicables dorénavant à tous les cas de tromperie prévus à l'article 1er de la loi du 1er août 1905.

Chez le complice, il devra y avoir, bien entendu, la même *intention frauduleuse*, la même *mauvaise foi* que chez l'auteur principal du délit ou de la tentative de délit. Dans la séance de la Chambre des députés du 24 novembre 1904 (*Officiel* du 25 novembre, p. 2630), M. Vaillant avait déposé un amendement ainsi conçu : « Quiconque sera auteur, ou se sera fait *sciemment* complice d'une tromperie ou tentative de tromperie »; l'amendement fut rejeté comme inutile; on fit observer avec raison que, pour qu'il y ait complicité d'un délit ou d'une tentative de délit, il faut nécessairement que le prévenu de complicité ait agi *sciemment*. Ne pourrait, par exemple, être poursuivi comme complice l'employé qui, sans se rendre compte de la criminalité de ses actes, aurait coopéré dans les faits de tromperie dont se serait rendu coupable son patron (Poitiers, 13 décembre 1856, Dalloz, 1858, 1, 475); ni le fabricant dont le produit a été vendu par des colporteurs qui ont trompé les acheteurs sur la nature de cette marchandise, s'il n'est pas établi que ce fabricant savait que le produit par lui primitivement vendu aux colporteurs devait servir à cette fraude (Rouen, 18 juillet 1856, Dalloz, 1858, 2, 198).

10. Tromperie sur la nature, les qualités substantielles, la composition ou la teneur

EN PRINCIPES UTILES DE LA MARCHANDISE. — L'article 423 du Code pénal punissait déjà la tromperie sur la « nature » de la chose. Que faut-il entendre exactement par cette expression? D'après la jurisprudence, pour qu'il y ait tromperie sur la nature de la chose, il faut que la marchandise « ait été donnée pour ce qu'elle n'a jamais été, ou qu'elle ait été tellement altérée que sa nature première ait disparu, ou qu'elle ait été rendue impropre à l'usage auquel elle était destinée » (voir notamment Cassation, 27 août 1858, Dalloz, 1858, 1, 426; 3 février et 10 février 1859, Dalloz, 1859, 1, 143; 30 décembre 1859, Dalloz, 1860, 1, 55; 8 avril 1864, Dalloz, 1864, 1, 320; 15 février 1866, Dalloz, 1866, 1, 239; 20 février 1875, Dalloz, 1877, 1, 188; 21 juillet 1894, Dalloz, 1896, 1, 53; 12 juillet 1901, Dalloz, 1902, 1, 409), autrement dit, il faut que la tromperie ait porté sur la *substance* de la chose, sur les qualités *substantielles* de celle-ci : « Bien que les expressions employées par le Code civil et par le Code pénal soient différentes, dit M. Garraud (*op. cit.*, t. VI, n° 2482), il y a un parallélisme à établir entre le cas où l'erreur est une cause de nullité de la convention aux termes de l'article 1110 du Code civil et les cas où la tromperie devient délictueuse aux termes de l'article 423 du Code pénal. *Substance* est synonyme de *qualités substantielles* dans le Code civil, de même que *nature* désigne dans le Code pénal les *qualités* de la chose que les parties ou l'une d'elles ont eues *principalement* en vue en contractant, *celles sans lesquelles elles n'auraient pas traité*, parce que leur absence modifie la *nature* de la marchandise. »

Les auteurs de la loi du 1ᵉʳ août 1905 définissent de même les expressions : *tromperie sur la nature de la marchandise:* « Le caractère essentiel du délit prévu par l'article 423 du Code pénal est que la tromperie porte sur la nature même de la marchandise, soit que la fraude provienne de ce que la chose vendue a été donnée pour ce qu'elle n'a jamais été, soit que la nature en ait été altérée au point d'être rendue impropre à l'usage auquel elle était destinée. La tromperie délictueuse réussit à produire ainsi dans l'esprit de l'acheteur une erreur sur la substance même de la chose qui a fait l'objet du contrat, erreur que la loi civile reconnaît comme une cause de nullité de la convention. » (Exposé des motifs, *Officiel*, documents du Sénat, session ordinaire de 1898, annexe n° 248, page 407.)

L'addition aux mots « nature de toute marchandise », employés par l'article 423 du Code pénal, des mots *qualités substantielles, composition, teneur en principes utiles*, n'a eu pour but que de « compléter la pensée de la loi et lui donner une précision devenue plus nécessaire en raison des procédés scientifiques actuellement en usage pour la vérification des éléments constitutifs d'un grand nombre de produits. » (Exposé des motifs, *loc. cit.*)

Mais il faut toujours que la tromperie ait porté sinon sur la chose même, du moins sur l'un des *éléments essentiels* de la chose; ainsi, pour reprendre l'exemple de Pothier (Traité des *Obligations*, n° 18, édit. Bugnet), le vendeur a fait croire à l'acheteur, ou réciproquement l'acheteur a fait croire au vendeur — la tromperie, étant punissable, nous l'avons vu, de quelque partie qu'elle provienne — que les chandeliers, objet du contrat de vente, étaient en argent, alors qu'ils ne sont qu'en cuivre argenté, que l'acheteur ou le vendeur entendait soit acheter, soit vendre des chandeliers en argent, et que le prix de vente avait été fixé en conséquence ; ou bien on aura vendu sous la dénomination de « cachemires » des châles et étoffes fabriqués avec des matières complètement différentes de celles avec lesquelles on fabrique ordinairement les châles dits de « cachemire » (Paris, 19 février 1847, Dalloz, 1847, 2, 73) ; du noir animal destiné à l'engrais et à la fertilisation des terres, mais contenant des matières hétérogènes en quantité telle qu'elles le rendent impropre à sa destination (Angers, 15 février 1848, Dalloz, 1848, 2, 57) ; des graines de vers à soie devenues stériles et improductives (Cassation, 15 février 1866, Dalloz, 1866, 1, 239); de la graine de luzerne dentelée, impropre à l'usage agricole, au lieu de graine de luzerne cultivée (Cassation, 15 mars 1877, Dalloz, 1878, 1, 398), etc...,

Constituerait encore une tromperie sur la nature de la chose la tromperie sur le titre d'une matière d'or ou d'argent, et même « sur la qualité d'une pierre fausse vendue pour fine », tromperies spécialement mentionnées au début de l'article 423 du Code pénal, mais que la loi de 1905 n'a pas reproduites, comme inutiles et comme ayant, en outre, l'inconvénient d'enlever aux définitions des délits précisés par elle « la portée générale qui convient aux dispositions de la loi pénale. » (Exposé des motifs, *loc. cit.*)

Si, au contraire, la tromperie n'a pas porté sur les *qualités substantielles* de la chose, si l'acheteur, par exemple, peut retirer de celle-ci l'utilité qu'il s'en promettait, mais dans une proportion moindre, la tromperie n'est pas punissable. « Sans entrer dans des considérations d'ordre commercial, le magistrat correctionnel devra cependant avoir en vue la marchandise qui était prévue au contrat de vente. Si l'acheteur a été trompé sciemment par le vendeur sur la nature et la qualité substantielle de cette marchandise, le délit existera ; si les qualités ne sont qu'accessoires, une condamnation ne pourra être prononcée » (Rapport de M. Thévenet, *Officiel*, documents du Sénat, session extraordinaire de 1898, annexe n° 324, p. 642). La jurisprudence décidait déjà, sous l'empire de la législation antérieure, que la tromperie sur la *qualité* de la marchandise n'est pas réprimée par la loi pénale (Cassation, 3 décembre 1853, Dalloz, 1854, 1, 365; Dijon, 16 juillet 1856, Dalloz, 1858, 2, 168; Lyon, 11 août 1858, Dalloz, 1859, 2, 23; Grenoble, 1er juin 1859, Dalloz, 1859, 5, 393; Cassation, 8 avril 1864, Dalloz, 1864, 1, 320; 15 février 1866, Dalloz, 1866, 1, 239); qu'il n'y a pas de tromperie punissable dans le fait d'indiquer un engrais comme contenant 60 % de phosphate de chaux, alors qu'il n'en contient en réalité que 40 %, la tromperie portant seulement, dans ce cas, sur la qualité du produit (Cassation, 30 décembre 1859, Dalloz, 1860, 1, 55); de livrer une marchandise de qualité très différente de celle destinée à servir d'échantillon (Douai, 12 novembre 1867, Dalloz, 1870, 2, 18); de livrer une marchandise, après en avoir modifié la qualité, si cependant cette marchandise, dans l'espèce, du carbonate de soude destiné au blanchissage et contenant une quantité anormale de sulfate de soude, a néanmoins dans une proportion suffisante la propriété essentielle en vue de laquelle elle était achetée (Cassation, 21 juillet 1894, Dalloz, 1896, 1, 53), etc....

En résumé, la nouvelle loi, quant à la disposition qui nous occupe, a bien précisé et complété l'ancienne, mais elle n'en a point étendu les limites.

11. Tromperie sur l'espèce ou sur l'origine de la marchandise. — Tromper sur l'espèce, c'est présenter, à la place de la chose promise, une autre chose portant la même dénomination, mais composée d'éléments différents, ou préparée de façon différente; c'est, par exemple, vendre « de l'huile de coton pour de l'huile d'olive, de la cire minérale pour de la cire d'abeille, de la farine de seigle pour de la farine de froment, des tourteaux de colza pour des tourteaux de lin, un soc en fonte au lieu d'un soc en acier » (Exposé des motifs, *loc. cit.*); si l'acheteur a eu surtout en vue, lors du contrat, ces éléments particuliers qui devaient composer la chose, ou la façon spéciale dont elle devait être préparée, on pourra dire qu'il a eu en vue les *qualités substantielles* de cette chose; la tromperie aura porté, par suite, sur la « nature » de celle-ci et devra être considérée comme un délit; c'est ainsi que, sous l'empire de l'article 423 du Code pénal, il a été jugé qu'il y avait délit de tromperie dans le fait de vendre, sans en prévenir les acheteurs, des sirops fabriqués avec de la glucose, au lieu de sucre ordinaire (Orléans, 2 avril 1851, Dalloz, 1851, 2, 222); de livrer comme du vin de quinquina de Se-

guin, indiqué sur l'ordonnance du médecin, un vin de quinquina préparé conformément au Codex (Paris, 12 février 1869, Dalloz, 1870 2, 135).

De même, le vendeur peut avoir livré à l'acheteur une chose différente, quant à son origine, de celle que ce dernier avait demandée; il lui a livré, par exemple, « pour un vin d'un cru déterminé, du vin d'un autre cru, pour du beurre d'Isigny un beurre ordinaire, pour des graines de luzerne de Provence de la graine de luzerne de Poitou ou d'Amérique, pour des graines de semences de lin de Riga des semences de lin du pays, du mouton frigorifié argentin pour du mouton frais » (Exposé des motifs, *loc. cit.*). Ici encore, si l'acheteur a eu surtout en vue l'origine de la chose, si cette origine a été pour lui la *qualité substantielle* de la marchandise, on pourra dire qu'il y a eu tromperie sur la « nature » de cette marchandise.

Les tromperies sur l'espèce et sur l'origine se confondent donc le plus souvent avec la tromperie sur la nature de la chose, comme le fait remarquer l'exposé des motifs.

La loi de 1905 les a cependant spécialement énoncées dans l'article 1er § 3; c'est « afin de trancher des controverses doctrinales qui ne se sont jamais soulevées que pour soustraire des commerçants malhonnêtes aux conséquences de leur mauvaise foi, » et l'exposé rappelle ensuite que les mots « espèce » et « origine » joints au mot « nature » des marchandises figuraient déjà dans le texte proposé par la commission du Corps législatif pour la rédaction de l'article 423 du Code pénal, mais que ce texte avait été rejeté par le conseil d'Etat dans la séance du 18 janvier 1810, « sans que le procès-verbal mentionne aucun motif du rejet de cette adjonction qui présentait cependant un véritable intérêt à la fois théorique et pratique » (Exposé des motifs, *loc. cit.*).

La pensée du législateur de 1905, en matière de tromperie sur l'espèce ou l'origine de la marchandise, est toutefois complétée par la phrase suivante : « lorsque, d'après la convention ou les usages, la désignation de l'espèce ou de l'origine faussement attribuées aux marchandises devra être considérée comme la cause principale de la vente. » (Après la substitution du mot *contractant* au mot *acheteur* dans le paragraphe 1er, il aurait fallu dire du *contrat*).

Ce sera à la partie qui se plaindra d'avoir été trompée, ou au ministère public, à rapporter la preuve de cette circonstance qui constituera l'un des éléments du délit reproché à l'autre partie; dans l'appréciation de la convention ou des usages, invoqués à cet effet devant eux, les magistrats devront d'ailleurs, suivant le mot de M. Thévenet (Rapport au Sénat, *loc. cit*, p. 642), se montrer très prudents, et tenir grand compte des habitudes commerciales.

Rappelons que le projet de loi portait « d'après la convention *et* les usages »; lors de la première délibération du Sénat sur le projet de loi, le mot *ou* a été, sur une observation de M. Thévenet, rapporteur, substitué au mot *et* (séance du 24 janvier 1899. *Officiel* du 25 janvier, p. 33). L'acheteur, par exemple, pourra donc faire valoir qu'il n'a pas entendu, en contractant, suivre les usages, mais uniquement les termes de la convention, celle-ci fût-elle contraire aux usages; à l'inverse, si la convention est muette sur l'espèce ou l'origine de la chose, on pourra se reporter aux usages, mais il ne sera jamais nécessaire que l'espèce ou l'origine soit à la fois fixée par la convention et les usages.

Si les termes de la convention étaient contestés, ce serait au plaignant à en rapporter la preuve suivant les règles du droit civil ou du droit commercial, selon les cas; voir ce qui sera dit ci-dessous, n° 13, à propos de la même question, en matière de tromperie sur l'identité.

12. TROMPERIE SUR LA QUANTITÉ DES CHOSES LIVRÉES. — D'après l'article 423 du Code pénal et la loi de 1851, pour qu'il y eût délit de tromperie sur la quantité des choses livrées, il fallait la réunion de trois éléments : 1° tromperie ou tentative de tromperie ; 2° emploi de moyens limitativement énumérés par la loi : 3° intention frauduleuse (Garraud, *op. cit.*, t. VI, n° 2500). En vertu du paragraphe 4 de l'article 1er de la loi du 1er août 1905, la tromperie ou la tentative de tromperie sur la quantité est punissable, même en l'absence des moyens énumérés précédemment par l'article 423 et la loi de 1851; il suffit, condition nécessaire à tous les autres cas de tromperie, que la déclaration mensongère soit accompagnée d'une intention frauduleuse; comp. sur la nécessité des manœuvres ou indications frauduleuses exigées par la législation antérieure : Cassation, 27 et 28 avril 1855, Dalloz, 1855, 1, 272 ; 21 juillet 1855, Dalloz, 1855, 1, 375 ; 30 décembre 1880, Dalloz, 1881, 1, 231 ; 27 janvier 1882, Dalloz, 1882, 1. 434 ; 7 février 1885, Dalloz, 1886, 1, 47.

La tromperie devant porter sur la quantité des choses *livrées*, dit expressément l'article 1er § 4, le délit n'est consommé seulement que par la livraison (Garraud, *op. cit.*, t. VI, n° 2502) ; mais la tentative consistera nécessairement dans des actes antérieurs à cette livraison, ayant pour but de faire recevoir à l'un des contractants ou de se faire livrer par lui une quantité différente de celle qui doit être effectivement livrée. D'après la jurisprudence, l'exposition de la

marchandise ne pesant pas le poids voulu suffit à constituer cette tentative ; voir la jurisprudence citée plus haut, n° 7, au sujet de la tentative en général; comp. Garraud, *op. cit.*, t. VI, n° 2502).

Le mot « quantité » comprend la quantité soit en poids, soit en volume, soit en nombre ; le vendeur, par exemple, qui, de mauvaise foi et dans le but de tromper l'acheteur, substituera à une demande en poids une livraison comptée en volume ou en nombre, tombera sous le coup de la loi et ne pourra invoquer de prétendues équivalences; si les parties sont convenues de compter en poids, la livraison devra se faire en poids et non autrement; voir, à ce sujet, les observations échangées entre M. Vaillant, le rapporteur et le ministre de l'agriculture, à la 1re séance de la Chambre du 1er décembre 1904, *Officiel* du 2 décembre, p. 2785.

13. TROMPERIE SUR L'IDENTITÉ DE LA CHOSE LIVRÉE. — Comme la tromperie sur la quantité, la tromperie sur l'identité de la chose livrée n'est consommée seulement que par la livraison (Garraud, *op. cit.*, t. VI, n° 2482), mais la tentative consistera également dans des actes antérieurs dont l'appréciation appartiendra aux juges du fait.

Pour qu'il y ait tromperie, il faut, d'après la loi même, que la marchandise livrée soit « autre que la chose déterminée qui a fait l'objet du contrat. » Ainsi, « j'achète un cheval, on m'en livre un autre » (Rapport de M. Trannoy, *Officiel*, documents de la Chambre, session ordinaire de 1899, annexe n° 940, p. 1577).

Ce sera au plaignant à prouver : 1° que le contrat a déterminé la chose qui devait être livrée, tel cheval, par exemple; 2° que c'est une autre chose qui a été livrée.

Comment se fera cette double preuve? Aucune difficulté ne peut s'élever en ce qui concerne la seconde, c'est-à-dire celle concernant le fait délictueux lui-même, la tromperie; elle se fera par tous les moyens admis pour la preuve des délits : procès-verbaux, témoins, etc....

En ce qui touche le premier fait à prouver, c'est-à-dire les termes, la teneur du contrat, ou, pour employer les expressions de la Cour de cassation, le fait civil préjudiciel au délit (Cassation, 28 janvier 1870, Dalloz, 1870, 1, 348), il faudra, suivant nous, assimiler ce cas à celui où le prévenu d'abus de confiance nie l'existence ou conteste la nature du contrat d'où dériverait l'abus de confiance; par conséquent, le fait invoqué par le plaignant, à savoir que la chose avait été déterminée dans le contrat, devra, en cas de dénégation, être prouvé d'après les règles relatives à la preuve des contrats; la preuve testimoniale sera admise seulement dans les cas prévus par les articles 1341 et suivants du Code civil, à moins que le contrat ne puisse être considéré comme un acte de commerce, à l'égard au moins de celui contre lequel il est invoqué (voir Cassation, 28 janvier 1870, précité, et 3 juin 1892, Dalloz, 1893, 2, 300, et la note).

M. Prache, député, avait proposé d'ajouter à la fin de l'article 1er la disposition suivante : « La tromperie ou la tentative de tromperie sur l'identité des marchandises vendues ne constituera un délit que lorsque cette identité pourra être déterminée par les termes mêmes d'un acte de vente, des lettres échangées ou des factures délivrées, ou par des échantillons. » Cet amendement fut rejeté (1re séance du 8 décembre 1904, *Officiel* du 9 décembre, p. 2931 et suiv.).

La raison de ce rejet a été la crainte de voir les petits marchands, les cultivateurs, obligés de passer avec leurs acheteurs des conventions écrites. Mais le rejet de l'amendement n'a pu changer les règles de droit que nous venons de rappeler, ni, par suite, supprimer la nécessité d'une preuve écrite dans les cas où, d'après ces règles, elle doit être produite.

III.
Tromperie ou tentative de tromperie accompagnée de manœuvres frauduleuses.

14. AGGRAVATION DE LA PEINE DANS LES CAS PRÉVUS A L'ARTICLE 2. — Lorsque la tromperie ou la tentative de tromperie aura été accompagnée d'une des manœuvres prévues dans les différents paragraphes de l'article 2, la peine de l'emprisonnement pourra être portée à deux ans, tandis qu'en l'absence de ces manœuvres, elle ne peut, d'après l'article 1er, dépasser un an ; mais le tribunal aura toutefois la faculté de prononcer seulement une amende de 100 fr. au moins et de 500 fr. au plus (combinaison des articles 1er § 5, et 2 § 1er).

Quand il sera fait application de l'article 2, le jugement devra, bien entendu, préciser les manœuvres justifiant l'application de cet article, faire connaître, par exemple, les procédés employés pour fausser les opérations du pesage, ou les indications matérielles ayant eu pour but de faire croire à un pesage antérieur et exact, et ce afin que la Cour de cassation puisse exercer son contrôle (Cassation, 27 janvier 1882, Dalloz, 1882, 1, 434 ; 8 juillet 1898, Dalloz, 1900, 1, 114).

15. EMPLOI DE POIDS, MESURES ET AUTRES INSTRUMENTS FAUX OU INEXACTS. — La commission du Sénat avait spécifié, dans le texte proposé par elle, que les poids, mesures et autres instruments faux ou inexacts devaient avoir été « employés en connaissance de cause » (Rapport de M. Thévenet, *loc. cit.*, p. 643 et 645), mais ces mots ont été supprimés par la Chambre (1re séance du 8 décembre 1904, *Officiel* du 9 décembre, p. 2933), comme « conséquence de la suppression du mot *sciemment* retranché de l'article 1er par un vote précédent » ; à la séance du 24 novembre 1904, il avait été, en effet, expressément reconnu, dans la discussion de l'article 1er, que la tromperie ou la tentative de tromperie ne pouvait être punie que s'il y avait eu *mauvaise foi, intention frauduleuse* de la part du prévenu (voir ci-dessus, n° 8).

L'intermédiaire qui aura, par exemple, reçu et ensuite livré au consommateur ou au revendeur « des paniers de marchandises dans lesquels le poids du panier devait entrer pour une tare, un poids déterminé, et qui ne serait pas exact », pourrait-il tomber sous le coup de la loi ? La question a été soulevée à la commission de la Chambre des députés, et M. Trannoy, rapporteur, y a répondu en rappelant les mots « en connaissance de cause » qui figuraient alors dans le projet (Rapport de M. Trannoy, *Officiel*, documents de la Chambre, session ordinaire de 1899, annexe n° 940, p. 1578). La suppression de ces mots pour les raisons rappelées ci-dessus n'a pas changé la situation de ces intermédiaires ; ils ne pourront, comme tous autres contractants, être poursuivis pour tromperie ou tentative de tromperie que s'il y a eu de leur part *mauvaise foi, intention frauduleuse*, que *s'ils ont su* que les paniers de marchandises ne contenaient pas réellement le poids pour lequel ils les livraient, et n'en ont pas averti leurs acheteurs.

La fourniture par l'acheteur, qui l'ignorait, d'un instrument de mesurage inexact ou sa présence à l'opération du pesage ne saurait faire disparaître le délit de tromperie sur la quantité de la marchandise commis par le vendeur qui connaissait l'inexactitude de l'instrument fourni ou a présenté inexactement les résultats du pesage (Colmar, 20 avril 1858, Dalloz, 1858, 2, 190 ; Cassation, 17 novembre 1860, Dalloz, 1861, 1, 43).

De même que le 3° de l'article 1er de la loi du 27 mars 1851, le paragraphe 2 de l'article 2 de la nouvelle loi s'appliquera à l'emploi de mesures anciennes comme à celui de mesures appartenant au système métrique, si ces mesures anciennes sont fausses ou inexactes (Cassation, 7 février 1856, Dalloz, 1856, 1, 183).

Mais en l'absence de fraude, l'emploi de mesures et de poids anciens, ou de mesures et de poids non vérifiés, c'est-à-dire de poids et mesures non légaux, est seulement puni de peines de simple police (article 479-6°, du Code pénal ; Cassation, 12 juillet 1866, Dalloz, 1866, 5, 356).

16. Manœuvres ou procédés tendant a fausser les opérations de l'analyse ou du dosage, du pesage ou du mesurage, ou bien a modifier frauduleusement la composition, le poids ou le volume des marchandises, même avant ces opérations. — La loi de 1851 ne parlait que des manœuvres ou procédés tendant à fausser l'opération du pesage ou mesurage (article 1ᵉʳ-3°) ; M. Riché, rapporteur de la loi, disait à ce propos : « Quant à l'infraction à la justesse du pesage ou du mesurage, tout le monde en connaît les stratagèmes souples et variés et la prestidigitation habile ou les additions clandestines qui savent rendre docile un plateau ou fasciner les regards d'un acheteur et les manœuvres qui ajoutent au poids réel de la marchandise ou lui donnent une décevante ampleur » (Rapport de M. Riché, Dalloz, 1851, 4, 60, n° 6).

Le législateur de 1905 aux manœuvres ou procédés tendant à fausser le pesage ou mesurage a ajouté, dans l'article 2 § 3, celles tendant à fausser les opérations de l'analyse ou du dosage. Ici encore, pour reprendre les expressions de M. Riché, on se trouvera en présence de « stratagèmes souples et variés, » dans le détail desquels nous ne saurions entrer, et qui seront de simples questions de fait à apprécier pour chaque espèce.

En ce qui touche les manœuvres ou procédés ayant pour but de « modifier frauduleusement la composition, le poids ou le volume des marchandises » avant l'analyse ou le dosage, le pesage ou le mesurage, nous citerons cependant, à titre d'exemples, le fait de mélanger : à du son une certaine quantité de graviers, de terre, etc. (Cassation, 17 août 1877, Dalloz, 1878, 1, 93) ; du sulfate de soude à du carbonate de soude destiné au lessivage (Cassation, 20 février 1876, Dalloz, 1877, 1, 188 ; 21 juillet et 3 novembre 1894, Dalloz, 1896, 1, 53) ; du sable de rivière à du trèfle (Cassation, 9 février 1894, Dalloz, 1896, 1, 53) ; le fait de mouiller la marchandise afin de la rendre plus pesante (Rapport de M. Riché, Dalloz, 1851, 4, 62, n° 26), etc.

Le délit sera commis, d'ailleurs, même si les manœuvres ou procédés ont été employés, encore qu'il n'y ait pas eu, au moment de la livraison de la marchandise, analyse, dosage, pesage ou mesurage, si la fraude n'a été découverte que par l'une de ces opérations faites postérieurement à la livraison et sur le soupçon de l'inexactitude de cette fraude (comp. Cassation, 4 avril 1857, Dalloz, 1857, 1, 265).

Quand il s'agira d'apprécier la composition de la marchandise, on devra toutefois ne jamais perdre de vue que, d'après l'article 1ᵉʳ § 2, de la loi de 1905, auquel renvoie, du reste, l'article 2 § 1ᵉʳ, la tromperie ou la tentative de tromperie ne sont punissables que si elles ont porté sur un des éléments essentiels, un des *principes utiles de la marchandise* (voir ci-dessus, n° 10). Au cas contraire, il n'y aura pas de délit ; l'emploi de manœuvres ou de procédés frauduleux, venant s'ajouter à la tromperie ou à la tentative de tromperie, n'aura pas pu donner à celles-ci le caractère de gravité, le caractère spécial qu'elles n'avaient pas par elles-mêmes, abstraction faite de ces manœuvres ou de ces procédés.

17. Indications frauduleuses tendant a faire croire a une opération antérieure et exacte. — Le texte ne dit pas de quelle opération il doit s'agir ; est-ce seulement d'une des opérations visées au paragraphe précédent, c'est-à-dire d'une analyse ou dosage, d'un pesage ou mesurage, ou bien de n'importe quelle autre opération, à la seule condition qu'elle puisse être qualifiée d'exacte ?

S'agissant d'une circonstance aggravante pouvant faire élever la peine d'une année d'emprisonnement, la loi aurait gagné, il faut le reconnaître, à être plus explicite. Nous pensons néanmoins que « l'opération » dont parle l'article 2 § 4, est toute opération, même en dehors de l'analyse, du dosage, du pesage ou du mesurage. En effet, si le législateur avait entendu se référer aux opérations visées au paragraphe 3, il pouvait s'exprimer ainsi : « faire croire à *une de ces opérations* antérieure et exacte ; » ou bien il pouvait spécifier comme l'avait fait le législateur de 1851, article 1ᵉʳ-3° *in fine*, et dire : « indications frauduleuses tendant à faire croire à une analyse ou dosage, à un pesage ou mesurage antérieur et exact, » tandis qu'il s'est borné à parler d'opération en général.

Nous conclurons de là qu'il faudra considérer comme une des circonstances aggravantes prévues par l'article 2 § 4, l'indication frauduleuse de toute opération ayant pour but de constater la qualité ou la composition du produit et pouvant être scientifiquement qualifiée d'*exacte ;* le vendeur aura, par exemple, indiqué faussement que le produit soumis simplement à un réactif chimique, sans qu'il y ait eu analyse, a présenté telle ou telle propriété.

L'indication mensongère, frauduleuse peut être expresse, résulter d'une mention sur une facture (comp. rapport de M. Riché, Dalloz, 1861, 4, 62, n° 27), d'une correspondance échangée entre les parties, d'une annonce, ou résulte seulement de signes apparents, par exemple, de récipients ne contenant pas la quantité qu'ils devraient réellement contenir, de paquets ne pesant pas le poids indiqué par leur forme et leur volume, etc. ; voir, sur ce dernier point, Garraud, *op. cit.*, t. VI, n° 2504, note 10 ; *adde* Cassation, 22 mars

1901, Dalloz, 1902, 1, 526 ; 26 décembre 1901, Dalloz, 1903, 5, 80.

IV.

Falsification des denrées alimentaires, des substances médicamenteuses, des boissons et des produits agricoles ou naturels.

18. De la falsification en général. — A la différence de la tromperie qui suppose nécessairement deux « contractants » en présence, c'est-à-dire une vente ou toute autre convention, la falsification constitue un délit abstraction faite de toute relation de l'agent avec des tiers, de tout contrat, indépendamment, par exemple, de la mise en vente du produit falsifié, qui constituera un second délit (Cassation, 20 mars 1885, Dalloz, 1886, 1, 139) ; voir aussi Garraud, *op. cit.*, t. VI, n° 2489 ; il suffit, pour que la falsification soit punissable, que le produit falsifié soit un de ceux expressément prévus par la loi et soit destiné à être vendu (article 3-1°).

Pas plus que la loi du 27 mars 1851, la loi du 1er août 1905 n'a donné de définition du mot « falsification ; » et c'est à dessein que le législateur s'en est abstenu : « Toute définition est toujours dangereuse dans une loi et inutile, » disait à ce propos, et avec raison, sinon d'une façon absolue, mais au moins pour bien des cas, M. Dauzon, rapporteur du projet de loi à la Chambre (1re séance du 1er décembre 1904, *Officiel* du 2 décembre, p. 2789).

C'est donc dans la jurisprudence qu'il faudra rechercher le sens du mot « falsification » tel qu'on doit l'entendre pour l'application de la loi pénale, et ce sens y est fixé depuis longtemps ; il nous suffira de citer quelques arrêts récents d'après lesquels : le délit de falsification se caractérise par l'addition d'une substance étrangère à un produit qui en est naturellement exempt ou par le retranchement d'une partie de ses éléments essentiels (Paris, 3 janvier 1900, Dalloz, 1900, 2, 309) ; — la falsification des boissons consiste non seulement dans l'altération frauduleuse des éléments qui les composent, mais encore à plus forte raison dans la substitution d'éléments autres que ceux entrant dans leur composition normale (Cassation, 20 janvier 1900, Dalloz, 1900, 1, 273) ; — est punissable la falsification résultant de tout mélange tendant frauduleusement à détériorer au préjudice de l'acheteur la substance annoncée (Cassation, 24 mai 1901, Dalloz, 1902, 1, 438) ; — il y a falsification quand, par l'addition d'un élément étranger à un produit, on modifie son aspect pour déguiser son infériorité et faire croire ainsi à l'acheteur à une

qualité et, par suite, à une valeur qu'il n'a pas (Cassation, 2 décembre 1901, Dalloz, 1902, 1, 48) ; — mais le mélange de deux produits d'alimentation similaires dans une proportion quelconque ne constitue pas nécessairement le délit de falsification ; il faut que le mélange opéré ait eu pour résultat soit d'altérer le produit et de le détériorer, soit de causer ou d'avoir pu causer un préjudice à l'acheteur (Cassation, 8 janvier 1897, Dalloz, 1897, 1, 600). Comp. Garraud, *op. cit.*, t. VI, n° 2492.

Peut-être pourrait-on résumer ainsi la jurisprudence : il y a falsification dès qu'on a retranché un des éléments d'un produit ou qu'on a ajouté à celui-ci une autre substance, et qu'il en est résulté ou pouvait en résulter un préjudice pour l'acheteur. Comp. la définition de M. Gauthier, membre de l'Institut, citée par M. Dauzon (*Officiel, loc. cit.*, p. 2790).

D'après M. Dauzon, les règlements d'administration publique qui seront rendus pour l'exécution de la loi de 1905 « prévoiront tous les cas de falsification ; ils indiqueront le minimum des qualités substantielles et utiles que devront contenir certains produits. » (*Officiel, loc. et p. cit.*)

19. Produits dont la falsification est punissable : denrées alimentaires, substances médicamenteuses, boissons, produits agricoles ou naturels. — La loi du 27 mars 1851 punissait la falsification « des substances ou denrées alimentaires ou médicamenteuses » (article 1er-1°), et la loi du 5 mai 1855 avait déclaré la loi de 1851 applicable aux boissons (article 1er) ; la loi du 1er août 1905 a ajouté à ces divers produits les produits agricoles ou naturels (article 3-1°), dont la falsification devient ainsi punissable, même s'ils ne doivent pas servir à l'alimentation de l'homme ou des animaux ; la nouvelle loi a voulu ainsi protéger plus complètement l'agriculteur, comme le fait remarquer M. Thévenet dans son rapport.

En ce qui touche les *denrées alimentaires*, une controverse s'était élevée sur la question de savoir si l'on devait comprendre sous ce nom les produits destinés à l'alimentation des animaux ; voir Blanche, *op. cit.*, t. VI, n° 380 ; Garraud, *op. cit.*, t. VI, n° 2499. L'article 3-1° a mis fin à cette controverse en parlant expressément, dans son énumération, des « denrées servant à l'alimentation de l'homme ou des animaux. »

Que faut-il entendre par *substances médicamenteuses ?* D'après Garraud, *op. cit.*, t. VI, n° 2489, ces expressions — qui comprennent, bien entendu, les solides et les liquides — « doivent s'entendre dans le sens large et usuel de substances employées dans la médecine au soulagement de nos affections. » Comp. Million, *Traité des fraudes en matière de marchandises, tromperies, falsifications*, p. 127.

Les *remèdes secrets* ne sont pas moins des médicaments et la falsification de ces remèdes doit être punie comme celle des autres substances médicamenteuses (comp. Cassation, 8 juin 1855, Dalloz, 1855, 1, 303; 7 décembre 1855, *Bulletin criminel*, 1855, n° 390, cités ci-dessus, n° 5)

Les *produits agricoles* sont évidemment tous les produits de la terre obtenus à l'aide de la culture; peu importe le genre de celle-ci, grande culture, culture maraîchère, etc.; les produits *naturels* sont ceux qui viennent de la terre sans la main de l'homme.

Mais la falsification des denrées, médicaments, boissons et produits agricoles ou naturels ne tombe sous le coup de la loi que s'ils sont destinés à être vendus et à être vendus comme tels. « La destination se présume par l'intention qui a pu guider le falsificateur, par les actes et les qualités de ce dernier, par la nature des produits falsifiés, par les circonstances dans lesquelles la falsification a été commise. Le falsificateur est un fabricant ou un négociant; sans avoir cette qualité, il a l'habitude de fabriquer et de vendre des denrées de la même espèce, pas de doute, le falsificateur est punissable. Mais, au contraire, il s'agit d'un individu qui ne fait pas le commerce de la marchandise, on présumera que cette marchandise n'est destinée qu'à des usages particuliers et domestiques. — Il y a là une question d'intention et, par conséquent, de fait que les juges apprécient souverainement. » (Garraud, *op. cit.*, t. VI, n° 2493.)

Le jugement prononçant une condamnation pour falsification d'une marchandise doit constater que celle-ci était destinée à être vendue (Cassation, 23 novembre 1894, Dalloz, 1895, 1, 374); si la marchandise pouvait servir, en même temps qu'à l'alimentation, à un autre usage industriel ou commercial, le jugement doit également constater qu'elle était destinée à être vendue comme denrée alimentaire (Cassation, 15 mai 1857, Dalloz, 1857, 1, 512).

20. Nécessité d'une intention frauduleuse; tentative; complicité. — De même que la tromperie, la falsification a dû être commise *sciemment*; il faut qu'il y ait eu chez le falsificateur *mauvaise foi, intention frauduleuse*, circonstance que les tribunaux apprécieront souverainement; voir Cassation, 22 et 27 avril 1854, Dalloz, 1854, 1, 213; 27 février 1857, Dalloz, 1857, 1, 410; 14 mai 1858, Dalloz, 1858, 1, 232; Poitiers, 16 juillet 1858, Dalloz, 1858, 2, 175; Cassation, 24 juillet 1863, Dalloz, 1863, 5, 400; 22 juillet 1869, Dalloz, 1870, 1, 45; Montpellier,

11 mars 1892, Dalloz, 1893, 2, 7; Garraud, *op. cit.*, t. VI, n° 2498.

La loi ne punit que « ceux qui falsifieront » et non ceux « qui tenteront de falsifier »; la tentative ne pouvant, en matière de délit, être assimilée au délit lui-même qu'en vertu d'un texte spécial (article 3 du Code pénal), la tentative de falsification ne serait donc passible d'aucune peine.

La complicité de falsification est, au contraire, toujours punissable, en vertu des dispositions de l'article 60 du Code pénal; il y aura, par exemple, complicité dans le fait d'avoir donné à l'auteur de la falsification des instructions pour commettre le délit (Cassation, 20 mars 1885, Dalloz, 1886, 1, 139).

Il y a lieu, d'ailleurs, de remarquer que certains faits qui, par application de l'article 60 du Code pénal, seraient considérés comme des actes de complicité, constituent des délits mêmes aux termes de l'article 3-4° prévoyant la vente de produits propres à effectuer la falsification, c'est-à-dire le fait « de procurer les moyens devant servir à l'exécution du délit. » La jurisprudence, avant que ce fait ait été érigé en délit distinct par la loi nouvelle, y avait déjà vu, du reste, un cas de complicité du délit de falsification (voir ci-dessous, n°ˢ 31 et suiv.).

21. Usages commerciaux; amélioration ou conservation du produit. — On ne saurait voir une falsification punissable dans le fait d'avoir ajouté à un produit une substance étrangère ou d'avoir retranché de ce produit un de ses éléments, si cette addition ou ce retranchement sont conformes à l'usage du commerce et n'ont pas eu pour but de tromper l'acheteur; en ce sens, Cassation, 27 février 1857, Dalloz, 1857, 1, 410; 21 mars 1857, Dalloz, 1858, 1, 476; 14 mai 1858, Dalloz, 1858, 1, 232; comp. Cassation, 22 novembre 1860, Dalloz, 1860, 5, 413; 24 juillet 1863, Dalloz, 1863, 5, 400.

Il en serait de même si l'addition ou le retranchement avaient été seulement opérés pour la conservation ou l'amélioration du produit (Garraud, *op. cit.*, t. VI, n° 2494).

Mais il va de soi que l'excuse tirée de l'usage commercial ou du but de conserver ou améliorer le produit ne saurait être admise quand l'addition ou le retranchement incriminés sont spécialement interdits par la loi et, à plus forte raison, lorsqu'ils sont expressément considérés par elle comme des falsifications; voir, à cet égard, pour la margarine, loi du 16 avril 1897, article 2 § 2; pour les vins, lois des 14 août 1889, 11 juillet 1891 et 31 mars 1903, article 32 § 2.

22. Circonstances aggravant le délit de falsification : substance a la fois falsifiée et nuisible a la santé ou toxique. —

Les dispositions de l'article 3 § 6 s'appli-
quant tant au cas de falsification qu'à celui
d'exposition, mise en vente ou vente de substances falsifiées, nous renvoyons à ce qui sera
dit ci-dessous. n° 29.

V.

**Exposition, mise en vente ou vente de
denrées alimentaires, de boissons, de
produits agricoles ou naturels falsifiés,
corrompus ou toxiques, et de substances
médicamenteuses falsifiées.**

23. EXPOSITION, MISE EN VENTE ET VENTE.
— L'article 1er-2° de la loi du 27 mars 1851
ne punissait que la vente et la mise en vente
de produits falsifiés ou corrompus ; l'article 3-
2° de la loi du 1er août 1905 punit même l'*exposition* de ces produits.

Il faut, ceci n'est point douteux, que cette
exposition soit faite dans un but de vente,
qu'elle soit par elle-même un moyen d'offrir
la marchandise aux acheteurs ; à vrai dire,
l'exposition constitue la plupart du temps
une mise en vente (comp. Cassation, 12 août
1841, Dalloz, *Répert. alphab.*, v° Vente de
substances falsifiées, n° 29 ; 14 octobre
1843, Dalloz, 1844, 1, 80 ; 18 août 1853,
Dalloz, 1853, 1, 263 ; Paris, 11 février 1897,
Dalloz, 1897, 2, 423, et aussi Garraud, *op.
cit.*, t. VI, n° 2495), et la nouvelle disposition
de la loi de 1905 semble plutôt avoir eu pour
but d'aller au-devant de controverses possi-
bles dans certains cas que de créer, à proprement parler, un nouveau délit.

L'exposition était, d'ailleurs, déjà assimilée
à la mise en vente et à la vente dans la loi du
16 avril 1897 sur la fraude dans le commerce
du beurre et la fabrication de la margarine, à
laquelle s'est, sur ce point, reporté le législateur (Exposé des motifs, *Officiel*, documents
du Sénat, session ordinaire de 1898, annexe
n° 248, p. 407).

La *mise en vente* résulte de tout fait par lequel le détenteur d'un produit en offre la
vente, le met à la disposition du public. De-
vrait-on considérer comme une mise en vente
l'annonce d'une vente de substances alimentaires faite dans un journal ? Il n'en pourrait
être ainsi, d'après la Cour de cassation, que
si, après l'annonce, les marchandises avaient
été réellement soumises au public en vue de
la vente annoncée, ou si le vendeur ou son
mandataire s'étaient mis en rapport avec des
acheteurs (Cassation, 31 décembre 1858, Dalloz, 1859, 1, 44).

Constituent des actes de mise en vente : le
fait d'introduire dans une ville du lait falsifié
pour y être débité (Cassation, 15 juin 1844,
Dalloz, *Répert. alphab.*, v° Vente de substances falsifiées, n° 29) ; l'expédition de vins
falsifiés, et leur dépôt chez un consignataire

où ils sont à la disposition des acheteurs (Cassation, 16 novembre 1893, Dalloz, 1896, 1,
508).

L'article 1er-2° de la loi de 1851 s'exprimait
en ces termes : « Ceux qui vendront ou mettront en vente » ; en dehors de la mise en
vente, il n'était donc, en principe, applicable,
comme l'article 423 du Code pénal, que s'il y
avait *vente* (Cassation, 5 février 1869, Dalloz,
1869, 1, 387).

L'article 3-2° de la loi de 1905 se servant
des mêmes expressions devra être interprété
de même ; à la différence de ce qui a lieu s'il
s'agit de tromperie sur la marchandise, la
remise ou la livraison de substances falsifiées,
corrompues ou toxiques ne sera donc punissable que si cette remise ou livraison est faite
en exécution d'un contrat de vente. Comp. ci-
dessus, n° 4.

On devrait cependant, d'après la jurisprudence, assimiler à la vente, pour l'application
de l'article 3-2° : 1° l'apport en société (Cassation, 14 mai 1858, Dalloz, 1858, 1, 232) ;
2° l'échange que la Cour de cassation assimilait à la vente en cas de tromperie sur la nature de la marchandise (Cassation, 18 novembre 1858, Dalloz, 1858, 1, 480) ; 3° et peut-
être aussi la dation en paiement ; c'est, du
moins, ce qu'avait décidé la Cour de Nancy
dans le cas de tromperie sur la quantité des
choses livrées, punie par l'article 1er-3° de la
loi de 1851 (Nancy, 26 décembre 1859, Dalloz,
1860, 5, 412, voir ci-dessus, n° 4), mais deux
arrêts sont en sens contraire dans le cas de
livraison de denrées ou de boissons falsifiées
(Paris, 14 janvier 1859, Dalloz, 1860, 5, 412 ;
Toulouse, 31 mars 1887, Dalloz, 1888, 2, 22).

24. DENRÉES SERVANT A L'ALIMENTATION DE
L'HOMME OU DES ANIMAUX, BOISSONS, PRODUITS
AGRICOLES OU NATURELS « FALSIFIÉS », « COR-
ROMPUS », OU « TOXIQUES ». — Nous ne reviendrons ni sur les mots « denrées servant
à l'alimentation de l'homme ou des animaux,
boissons, produits agricoles ou naturels », ni
sur le point de savoir quand un de ces différents produits devra être réputé « falsifié »,
nous bornant à renvoyer aux numéros 18 et
19 ci-dessus, et aussi à ce qui a été dit au numéro 21, à propos de l'addition à un produit
d'une substance étrangère ou du retranchement d'un des éléments utiles de ce produit,
si cette addition ou ce retranchement sont
conformes aux usages commerciaux ou ont
pour but l'amélioration ou la conservation du
produit.

Mais, que faut-il entendre par les mots *corrompus* et *toxiques* ?

Le premier figurait déjà dans l'article 1er-
2° de la loi du 27 mars 1851 ; le second, qui
termine l'article 3-2° de la loi du 1er août
1905, a été ajouté, lors de la discussion de

cette loi à la Chambre des députés, sur un amendement de MM. Cazeneuve et Lachaud (1ʳᵉ séance du 15 décembre 1904, *Officiel* du 16 décembre, p. 3035).

La *corruption*, d'après M. Garraud, *op. cit.*, t. VI, n° 2492, c'est « l'altération du produit causée par le temps » ; « les substances ou denrées corrompues sont, dit-il, celles qui auront atteint un degré de fermentation, de décomposition ou d'altération qui les rendra impropres à l'alimentation ou à la médication » ; voir aussi Blanche, *op. cit.*, t. VI, n° 390. Suivant la jurisprudence il y aurait « corruption », même lorsque l'altération de la marchandise serait due à la maladie ; ainsi devra être réputée corrompue la viande provenant d'un animal mort d'une maladie qui avait altéré sa chair au point de la rendre impropre à la consommation (Cassation, 4 mai 1889, *Bulletin criminel*, 1889, n° 166), par exemple, la viande d'un animal en état consomption et de maigreur cachectique, par suite nuisible, incomestible et capable de produire des troubles digestifs plus ou moins sérieux chez les consommateurs, sans qu'il soit nécessaire que cette viande soit dans un état de décomposition se révélant par une odeur nauséabonde (Orléans, 11 décembre 1895, *Gaz. du Palais*, 1896, 1, 136) ; celle provenant d'un animal atteint de tuberculose (Limoges, 30 octobre 1896, Dalloz, 1899, 2, 319 ; Paris, 30 novembre 1896, *la Loi* du 25 décembre 1896 ; Cassation, 30 juin 1904, *Gaz. du Palais*, 1904, 2, 331) ; jugé cependant que ne saurait être considérée comme de la viande corrompue celle provenant d'un porc atteint de ladrerie (Bordeaux, 26 juillet 1854, Dalloz, 1859, 5, 394), ou d'une vache atteinte d'une maladie charbonneuse (Cassation, 8 février 1856, Dalloz, 1856, 1, 182).

D'après M. Thévenet, rapporteur du projet de loi au Sénat, une marchandise devait être réputée corrompue quand elle ne peut servir à l'alimentation : « Le mot « corruption » en matière de denrées alimentaires, de fruits, de légumes, se comprend très bien, dit-il. Il y a corruption toutes les fois qu'une marchandise présentée comme produit alimentaire ne peut pas servir à l'alimentation ; que cette corruption vienne du voyage ou de toute autre cause impossible à déterminer exactement, l'impossibilité de faire usage du produit fixera l'application de cette qualification.... Voici donc comment je crois pouvoir définir le mot « corruption » dans le sens que lui donne la loi : une marchandise sera déclarée corrompue toutes les fois qu'elle sera impropre à l'alimentation de l'homme ou des animaux. Je ne prétends pas que cette définition soit complète ; c'est, en tout cas, la moins incomplète que je puisse apporter au Sénat ». (Séance du 2 février 1899, *Officiel* du 3 février, page 89).

Pour M. Cazeneuve, au contraire, l'expression de « substances corrompues » ne pouvait s'appliquer qu'aux substances « gâtées par la fermentation putride », et afin de justifier l'addition au mot « corrompues » du mot « toxiques » proposée dans son amendement, il disait : «.... Nous visons donc dans la loi toutes ces matières alimentaires, viandes de boucherie, poissons, gibier, etc., qui entrent dans l'alimentation et peuvent avoir subi plus ou moins la fermentation putride.

« Est-ce suffisant ? Dans la pratique, on saisit bien d'autres produits alimentaires. A Lyon.... nous voyons, par exemple, que du 16 au 22 novembre 1904, les inspecteurs municipaux ont saisi dans les magasins ou à la criée et sur les marchés découverts, les denrées malsaines suivantes.... Or, ces 125 fœtus ne sont pas des viandes corrompues, mais des viandes malsaines, indigestes, constituant une mauvaise marchandise. Le mot toxique de notre amendement y correspond. La toxicité peut déterminer la mort, rarement, ou produire des accidents, vomissements et phénomènes intestinaux.

« Quelles sont ces viandes fraîches dont 153 kilogrammes ont été saisis ? Ce sont des viandes tuberculeuses ou provenant d'animaux atteints de la morve, viandes qui peuvent produire des accidents si elles sont mal cuites ; elles ne sont pas corrompues, mais on doit les saisir comme toxiques en prenant ce mot dans sa large acception de nuisible à la santé.

« De même, on ne peut accuser les champignons saisis d'être corrompus, mais ils sont toxiques ou douteux. Les champignons douteux ne déterminent pas la mort comme certains champignons vénéneux, mais occasionnent des accidents et des vomissements.

« Il me serait facile d'allonger ce tableau des denrées toxiques en prenant dans les conserves alimentaires renfermant du plomb ou altérées par fermentation microbienne, ou dans les mollusques — huîtres ou moules, — ou encore dans certains fromages, des exemples tout à fait probants qui éclaireraient définitivement la religion de la Chambre » (1ʳᵉ séance de la Chambre du 15 décembre 1904, *Officiel* du 16 décembre, p. 3055).

Sur ces explications, l'amendement fut accepté par le gouvernement et la commission, puis adopté par la Chambre : c'est donc aux deux définitions de M. Cazeneuve et aux exemples cités par lui qu'il faudra se reporter comme rendant exactement la pensée du législateur de 1905, en ce qui concerne les mots « corrompus » et « toxiques, » sans tenir compte, pour la première de ces expressions, de la définition de M. Thévenet, qui avait évidemment le tort de donner un sens beaucoup trop large au mot « corrompu »

En se reportant à la jurisprudence rapportée plus haut, on verra aussi qu'elle ne concorde plus avec les termes de la nouvelle loi : ainsi, on devrait considérer maintenant comme « toxique » et non comme « corrompue » la viande provenant d'un animal en état de consomption ou de maigreur cachectique, et par suite nuisible et incomestible, la viande provenant d'un animal atteint de tuberculose ; ou devrait aussi considérer comme « toxique » la viande provenant d'un porc atteint de ladrerie ou d'un animal atteint d'une maladie charbonneuse.

Il semble bien que les fruits verts devraient être également réputés toxiques (comp. Cassation, 18 août 1849, Dalloz, 1849, 5, 111 ; 7 novembre 1850, Dalloz, 1850, 5, 134 ; 17 novembre 1866, Dalloz, 1867, 1, 44).

Mais — cela résulte encore des explications de M. Cazeneuve, — le produit qui serait impropre à l'alimentation sans être cependant « gâté par la fermentation putride, » ni susceptible de « déterminer la mort ou de produire des accidents dans l'organisme, » ni, bien entendu, falsifié, restera en dehors des cas prévus par l'article 3-2° de la loi du 1er août 1905.

Il en serait de même s'il était simplement « nuisible à la santé », ce fait ayant, en effet, seulement pour résultat d'aggraver le délit quand le produit est en même temps falsifié ou corrompu (article 3 § 6) ; voir toutefois ci-dessous, n° 59.

Les juges du fait déclareront souverainement si un produit est corrompu ou toxique (en ce sens, Cassation, 10 janvier 1902, Dalloz, 1903, 1, 460 ; voir aussi Cassation, 24 mai 1901, Dalloz, 1902, 1, 438).

25. Substances médicamenteuses falsifiées. — La loi du 27 mars 1851 punissait dans une même disposition, l'article 1er-2°, la vente ou la mise en vente des substances alimentaires ou médicamenteuses falsifiées ou corrompues, et dans le projet, qui a abouti à la loi de 1905, les substances alimentaires et les substances médicamenteuses figuraient également dans la même disposition, l'article 3-2°. Mais, en même temps qu'il ajoutait au mot « corrompus » le mot « toxiques, » l'amendement de MM. Cazeneuve et Lachaud, dont nous avons parlé plus haut, n° 24, tendait à retrancher de l'article 3-2° les substances médicamenteuses pour en faire l'objet d'un paragraphe spécial ; à la suite du vote de l'amendement, l'exposition, la mise en vente et la vente « de substances médicamenteuses falsifiées » furent donc spécialement visées par le 3° de l'article 3. Nous avons déjà dit ci-dessus, n° 19, ce qu'il faut entendre par « substances médicamenteuses, » et nous nous bornerons encore ici à renvoyer à ce numéro.

En comparant le 2° et le 3° de l'article 3 on remarque : 1° l'absence dans le 3° des mots « qu'ils sauront être ; » nous reviendrons sur ce point dans le numéro suivant, à propos de l'intention frauduleuse ; 2° l'absence également dans le même alinéa des mots « corrompus » et « toxiques ».

En ce qui concerne le mot « toxique », il paraissait difficile de considérer comme une fraude la *toxicité* d'un médicament, car il y a « en pharmacie, disait M. Cazeneuve, toute une série de substances toxiques qui ne sauraient tomber sous le coup de la loi, puisque la thérapeutique active repose tout entière sur l'emploi rationnel et scientifique de ces toxiques » (1re séance de la Chambre du 15 décembre 1904, *Officiel* du 16 décembre, p. 3055) ; c'est donc avec raison que la loi ne parle pas des médicaments « toxiques ».

Mais la vente ou la mise en vente d'une substance médicamenteuse « corrompue » constitue certainement une fraude, et cette fraude avait été expressément prévue dans la loi de 1851 et dans le projet de la loi de 1905 ; il semble donc qu'il aurait fallu, dans le 3° de l'article 3, mentionner les substances médicamenteuses « corrompues » ; celles-ci n'y sont pas mentionnées cependant ; voici pourquoi :

Le paragraphe additionnel proposé par MM. Cazeneuve et Lachaud, et qui est devenu le 3° de l'article 3, était ainsi conçu : « Ceux qui exposeront.... des substances médicamenteuses falsifiées, *mal préparées* ou *détériorées.* » Les substances médicamenteuses « corrompues » se trouvaient comprises dans le mot « détériorées, » une chose corrompue étant évidemment détériorée. Mais, sur les diverses observations qui lui furent faites par le rapporteur, M. Cazeneuve, d'accord avec la commission, se borna à retirer de sa proposition les mots « mal préparées » et « détériorées » (*Officiel, loc. cit.,* p. 3060 et suiv.).

La loi de 1905 ne punit donc que l'exposition, la mise en vente et la vente des substances médicamenteuses falsifiées.

Quant à l'exposition, la mise en vente ou la vente des substances médicamenteuses corrompues, c'est-à-dire détériorées, elle tombera seulement sous le coup de l'article 29 § 3 de la loi sur la pharmacie du 21 germinal an XI, ainsi conçu : « Les drogues mal préparées ou détériorées seront saisies à l'instant par le commissaire de police, et il sera procédé conformément aux lois et règlements actuellement existants. » Le règlement en vertu duquel une peine peut être prononcée pour infraction à cet article est l'arrêt du parlement de Paris du 23 juillet 1748, et la contravention doit être poursuivie devant le tribunal correctionnel, l'amende prévue par l'arrêt excédant la compétence des tribunaux de simple police (Cassation, 7 février 1851, Dalloz, 1852, 5, 35; 25 juillet 1851, *Bulletin criminel*, 1853, n° 310); voir aussi un arrêt de la Cour d'Orléans du 8 avril 1851 (Dalloz, 1852, 2, 154).

En cas de poursuite pour infraction à la loi du 21 germinal an XI, le pharmacien ne pourra, d'ailleurs, exciper de sa bonne foi, prétendre qu'il ignorait que le médicament saisi dans son officine fût mal préparé ou détérioré (Cassation, 24 mars 1859, Dalloz, 1859, 1, 192). Comp. avec le numéro suivant.

26. Nécessité d'une intention frauduleuse, sauf s'il s'agit de substances médicamenteuses. — L'article 1ᵉʳ-2° de la loi du 27 mars 1851 ne punissait la mise en vente ou la vente de substances alimentaires — et même médicamenteuses — que si le prévenu *avait su* que ces substances étaient falsifiées ou corrompues; il fallait qu'il y eût de sa part *mauvaise foi, intention frauduleuse* (Blanche, *op. cit.*, t. VI, n° 392; Chauveau et Faustin Hélie, *op. cit.*, t. V, n° 2428; Garraud, *op. cit.*, t. VI, n° 2498; Cassation, 18 avril 1856, Dalloz, 1856, 1, 200; Bourges, 15 mai 1884, Dalloz, 1885, 2, 110; Montpellier, 11 mars 1892, Dalloz, 1893, 2, 7; Limoges, 30 octobre 1896, Dalloz, 1899, 2, 319); la connaissance par le prévenu de la falsification ou de la corruption de la marchandise devait même être constatée expressément par le jugement de condamnation (Cassation, 5 février 1858 (trois arrêts), Dalloz, 1858, 1, 230; 10 novembre 1887, Dalloz, 1888, 1, 287), l'appréciation des juges du fait étant, du reste, souveraine à cet égard (Cassation, 15 mai 1856, Dalloz, 1856, 1, 287).

Dans le but d'atteindre plus facilement les falsificateurs, le projet de loi avait créé contre les vendeurs de produits falsifiés une présomption de fraude, en disant dans l'article 3 que « seraient présumés avoir connu la falsification de la marchandise ceux qui ne fourniront pas les renseignements nécessaires pour permettre la poursuite du vendeur ou de l'expéditeur ». La commission du Sénat trouvant, avec raison, cette disposition trop rigoureuse, avait modifié le texte dans les termes suivants : « Pourront être réputés avoir connu.... », mais, à la demande de MM. Aldy et Albert Sarraut, d'une part, et de M. Georges Berry, d'autre part, cette disposition a été supprimée, lors de la discussion du projet à la Chambre des députés (1ʳᵉ séance du 22 décembre 1904, *Officiel* du 23 décembre, p. 3230).

La situation des débitants, des intermédiaires, au point de vue de l'intention frauduleuse, reste donc la même qu'elle était sous l'empire de la loi de 1851 : la preuve de l'existence de cette intention devra toujours être faite. Il n'en sera différemment qu'au cas où il s'agira de substances médicamenteuses; cela résulte du texte même du 3° de l'article 3 où, comme nous l'avons déjà fait remarquer, on ne trouve pas les mots « qu'ils sauront être » qui figurent au numéro précédent, et qui ont été certainement omis avec intention par MM. Cazeneuve et Lachaud, rédacteurs de ce texte; voir les explications de M. Cazeneuve à la première séance de la Chambre du 15 décembre 1894, *Officiel* du 16 décembre, p. 3060 et suiv. Comp. loi du 25 avril 1895 sur la vente des sérums thérapeutiques, article 3 § 2.

27. Connaissance par l'acheteur ou le consommateur de la falsification, de la corruption ou de la toxicité du produit. — L'acheteur ou le consommateur ont pu savoir que le produit vendu, exposé ou mis en vente était falsifié, corrompu ou toxique, soit parce que le vendeur les en avait avertis, soit parce que la falsification, la corruption ou la toxicité se révélaient d'elles-mêmes, étaient apparentes, devaient nécessairement être connues; ils n'ont pas dès lors été trompés, et l'on peut se demander s'il n'y aurait pas là sinon absence de délit, tout au moins une excuse de nature à faire disparaître le délit.

Cette circonstance ne saurait être prise en considération, car le délit visé et puni par l'article 3 de la loi de 1905, comme précédemment par l'article 1ᵉʳ-1° et 2° de la loi de 1851, n'est pas « la tromperie »; ce que veut ici la loi, c'est empêcher, d'une part, la falsification de certains produits, et, d'autre part, le commerce de ces mêmes produits falsifiés, corrompus ou toxiques; elle s'attache donc au fait lui-même et non à ses conséquences (en ce sens, Cassation, 22 juillet 1869, Dalloz, 1870, 1, 45; 20 juin 1885, Dalloz, 1886, 1, 232; 14 janvier 1892, *Bulletin criminel*, 1892, n° 8).

L'augmentation des peines prévue à l'article 3 § 6, au cas notamment où une substance falsifiée est nuisible à la santé ne pourrait même être évitée si, dit le paragraphe 7 du même article, la falsification nuisible était connue de l'acheteur ou du consommateur.

28. Tentative; complicité. — La tentative d'exposition, de mise en vente ou de vente de produits falsifiés, corrompus ou toxiques n'est pas punissable, et ce par application de l'article 3 du Code pénal, comme nous l'avons dit ci-dessus, n° 20, à propos de la falsification. D'ailleurs, en ce qui concerne l'exposition et la mise en vente, la tentative ne paraît guère pouvoir se caractériser en elle-même, indépendamment du délit.

Seront, au contraire, punis comme complices des délits prévus à l'article 3-2° et 3° de la nouvelle loi, ceux qui auront provoqué ou aidé à les commettre, dans les conditions prévues par l'article 60 du Code pénal ; il en serait ainsi notamment du patron qui aurait fait mettre en vente par son employé des pro-duits qu'il savait falsifiés ou corrompus (Cassation, 29 juillet 1869, Dalloz, 1870, 1, 46) ; du commissionnaire ou du consignataire d'une marchandise qu'il saurait être falsifiée, corrompue ou toxique ; voir, au sujet des commissionnaires ou consignataires aux Halles, les explications données au Sénat par M. Thévenet, rapporteur (séance du 2 février 1899, *Officiel* du 3 février, p. 89).

29. CIRCONSTANCES AGGRAVANT SOIT LE DÉ-LIT DE FALSIFICATION, SOIT LE DÉLIT D'EX-POSITION, MISE EN VENTE OU VENTE, DE SUBS-TANCES FALSIFIÉES OU CORROMPUES. — L'article 2 § 1er de la loi du 27 mars 1851 augmentait les peines d'amende et d'emprisonnement si, dans les cas prévus par l'article 1er de la même loi, il s'agissait « d'une marchandise contenant des mixtions nuisibles à la santé ». L'article 3 § 6 de la loi de 1905 prévoit également une augmentation de peine et impose aux tribunaux l'obligation d'appliquer l'emprisonnement si, dit-il, « la substance falsifiée ou corrompue est nuisible à la santé de l'homme ou des animaux, *ou si elle est toxique*, de même si la subs-tance médicamenteuse falsifiée est nuisible à la santé de l'homme ou des animaux ».

Les mots « substance falsifiée ou corrom-pue, » dont il est parlé dans la première phrase, doivent s'entendre de toute substance *alimentaire* ou *non;* l'amendement de MM. Cazeneuve et Lachaud modifiant le texte du projet de loi (voir 1re séance de la Chambre du 22 décembre 1904, *Officiel* du 23 décembre, p. 3230) portait en effet : « Si la substance *alimentaire* falsifiée ou corrom-pue.... » et, à la demande du président de la Commission, le mot « alimentaire » a été supprimé. Il semble donc bien que le mot « substance » doit s'appliquer à toutes les subs-tances qui ne sont pas médicamenteuses, c'est-à-dire à toutes celles prévues, en dehors de ces dernières, par le 1° et le 2° de l'article 3 : denrées servant à l'alimentation de l'homme ou des animaux, boissons et pro-duits agricoles et naturels.

En ce qui touche les substances médica-menteuses, il n'y a aggravation du délit que dans un seul cas, celui où ces substances étant falsifiées, sont nuisibles à la santé ; comme nous l'avons vu plus haut, n° 25, d'une part, la loi ne se préoccupe pas de la toxi-cité quand il s'agit de médicaments, d'autre part, elle ne punit pas l'exposition, la mise en vente et la vente de substances médica-menteuses corrompues.

Pour les autres substances, quand elles sont falsifiées ou corrompues, il y a aggrava-tion du délit dans deux cas : 1° si ces subs-tances sont nuisibles à la santé ; 2° si elles sont toxiques.

Si les substances ne sont que toxiques, sans être en même temps falsifiées ou cor-rompues, on se trouve dans le cas prévu par l'article 3-2°, et il n'y a pas de circonstance aggravante ; tel est bien, d'ailleurs, le sens grammatical du premier membre de phrase de l'article 3 § 6, qui doit se lire ainsi : « Si la substance falsifiée ou corrompue est nui-sible.... ou si la substance falsifiée ou corrom-pue est toxique. »

Il a été jugé, sous l'ancienne législation, qu'un jugement était suffisamment motivé, quant à la circonstance aggravante prévue par l'article 2 de la loi de 1851 (aujourd'hui ar-ticle 3 § 6), quand, après avoir constaté que les falsifications d'un produit avaient été en partie commises à l'aide de préparations d'a-niline et de nitro-benzine, il déclarait que ces mixtions étaient nuisibles à la santé (Cassa-tion, 18 novembre 1880, Dalloz, 1883, 1, 139).

Nous rappelons que, d'après l'article 3 § 7, les peines prévues au paragraphe 6 du même article sont applicables quand il s'agit de falsi-fication nuisible, même si la falsification est connue de l'acheteur ou du consommateur ; voir ci-dessus, n° 27.

30. FRUITS FRAIS ET LÉGUMES FRAIS FERMEN-TÉS OU CORROMPUS. — A la suite de divers amendements déposés par MM. Louis Martin, Georges Leygues et Albert de Mun, il a été ajouté au texte de l'article 3 primitivement présenté par la Commission un paragraphe final aux termes duquel les dispositions de cet article ne sont pas applicables « aux fruits frais et légumes frais fermentés ou corrom-pus », (1re séance du 22 décembre 1903, *Officiel* du 23 décembre, p. 3230 et suiv.). L'idée qui a amené la Chambre à voter cette exception en faveur de ces produits est la suivante : d'une part, le producteur ou l'ex-péditeur aura le premier tout intérêt à ne comprendre dans ses envois que des fruits ou des légumes absolument sains, des fruits ou des légumes avariés pouvant contami-ner et perdre tous les autres ; d'autre part, un brusque changement de température, un orage peut, au cours du voyage, avarier des fruits ou des légumes expédiés sains ; enfin, quand les fruits ou les légumes corrompus ou fermentés seront mis en vente, l'acheteur pourra s'en rendre compte, et il ne pourra plus alors être question de mauvaise foi vis-à-vis du vendeur ; voir les observations de M. Georges Leygues et de M. Mougeot, mi-nistre de l'agriculture.

Mais la disposition en question doit, par cela même qu'elle est une exception, être strictement maintenue dans ses limites. Il faut en conclure :

1° Qu'elle ne s'applique qu'aux fruits et légumes *frais*, seuls visés par le texte; les fruits et légumes *secs* ou de *conserve* pourront donc, dans les différents cas prévus par l'article 3, motiver des poursuites en vertu de cet article;

2° Qu'elle ne s'applique pas aux fruits et légumes frais *falsifiés :* « le texte que nous avons adopté, il faut le remarquer, n'exclut en rien le cas de falsification, et comme il y a des procédés de falsification des fruits et légumes, notamment des procédés d'emploi d'antiseptiques pour les faire reverdir, il reste bien entendu que la loi reste applicable à ces cas-là » (M. Dauzon, rapporteur, *Officiel, loc. cit.*, p. 3231);

3° Que les fruits et légumes frais fermentés ou corrompus sont soustraits à l'application de l'article 3 seulement, mais que les autres dispositions, notamment l'article 1ᵉʳ, resteront applicables à leur égard; ainsi la mise en vente dans un panier de fruits corrompus, cachés par une couche de jolis fruits, pourrait constituer une « tentative de tromperie sur l'identité de la marchandise », l'acheteur ayant entendu acheter des fruits intacts et non des fruits corrompus (M. Dauzon, rapporteur, *Officiel, loco cit.*).

Comme l'a fait remarquer le ministre de l'agriculture, la vente des fruits corrompus — nous dirons : des fruits et des légumes fermentés ou corrompus — peut toujours, d'ailleurs, être interdite par des règlements de police municipale et être punie, par conséquent, de peines de simple police, à défaut des peines correctionnelles prévues par la loi du 1ᵉʳ août 1905.

VI.

Exposition, mise en vente ou vente de produits propres à effectuer la falsification des denrées, boissons et produits agricoles ou naturels ; provocation à l'emploi de ces produits.

31. Origine et but de la disposition formant l'article 3-4°. — Les falsificateurs trouvent souvent une aide efficace auprès de certains industriels qui leur offrent et leur fournissent des produits spécialement destinés, par exemple, à la falsification des denrées et surtout des boissons; des détails fort intéressants, notamment en ce qui concerne les vins, ont été donnés à ce sujet devant la Chambre des députés par M. Albert Sarraut (1ʳᵉ séance du 16 décembre 1904, *Officiel* du 17 décembre, p. 3091 et suiv.). Les tribunaux ont souvent condamné des individus se livrant

à ce trafic malhonnête; ainsi, il a été jugé, à maintes reprises, que la vente à un marchand ou débitant de préparations destinées à falsifier un produit rend le vendeur complice du délit de falsification, alors qu'il connaît l'usage qui doit être fait de ces préparations; voir notamment Cassation, 30 novembre 1877, Dalloz, 1878, 1, 93; Dijon, 13 mars 1878, Dalloz, 1878, 2, 227; Cassation, 18 novembre 1880, Dalloz, 1883, 1, 139; 20 mars 1885 Dalloz, 1886, 1, 139. Mais, comme le faisait remarquer M. Sarraut, les marchands de tels produits ne pouvaient être poursuivis comme complices de la falsification que lorsque celle-ci était constatée; la vente de leurs produits était donc assez difficilement réprimée, et la mise en vente, l'offre, ne l'étaient pas du tout.

M. Sarraut déposa un amendement aux termes duquel étaient punis des peines de l'article 3 § 1ᵉʳ : 1° ceux qui fabriqueraient des produits destinés à la falsification des denrées, substances médicamenteuses, boissons et produits agricoles ou naturels; 2° ceux qui exposeraient, mettraient en vente ou vendraient ces produits et ceux qui provoqueraient à leur emploi au moyen de brochures, circulaires, etc.... MM. Thierry et Cazeneuve firent observer que beaucoup de produits pouvant servir à la falsification peuvent aussi servir à des usages très licites : l'acide salicylique, par exemple, a bien d'autres emplois que la falsification des vins, une matière colorante peut tout aussi bien être employée à teindre de la laine ou du coton qu'à donner de la couleur à un vin frelaté; le fabricant qui aurait livré le produit qu'on lui demandait pourrait donc souvent ignorer sa véritable destination, et la première partie de l'amendement péchait ainsi par la généralité de ses termes (*Officiel, loc. cit.*, p. 3098 et 3099). Un nouveau texte, dans lequel il n'était plus parlé de la fabrication, fut alors présenté par MM. Albert Sarraut, Cazeneuve et autres, d'accord avec la commission, et devint le 4° de l'article 3.

32. Produits visés par l'article 3-4°. — Ce sont tous ceux qui sont « propres à effectuer la falsification des denrées servant à l'alimentation de l'homme ou des animaux, des boissons et des produits agricoles ou naturels. » On remarquera :

1° Que la loi emploie le terme général de « produits » ; elle entend, par conséquent, désigner tout produit, toute substance quelconque, chimique ou non, pouvant servir à la falsification des denrées, des boissons ou même des produits agricoles ou naturels;

2° Que les substances médicamenteuses ne sont point comprises dans l'énumération de l'article 3-4°; c'est à dessein évidemment, car le texte de l'amendement primitivement déposé par M. Sarraut énonçait expressément les substances médicamenteuses ; mais les rédacteurs du nouveau texte ont pensé probablement qu'il serait difficile de déterminer spécialement les produits propres à falsifier les médicaments d'avec ceux servant à les préparer, le même produit pouvant être employé aux deux usages.

33. Exposition, mise en vente et vente. — Au sujet de l'exposition, de la mise en vente et de la vente en elles-mêmes, nous ne pouvons que renvoyer à ce qui a déjà été dit ci-dessus, n° 23, à propos de l'article 3-2° et 3°. Mais, pour que l'exposition, la mise en vente ou la vente des produits propres à la falsification soient punissables, il faut, de plus, que la destination de ces produits soit indiquée ; le fait par le vendeur d'avoir fait connaître cette destination démontrera bien sa mauvaise foi, son intention coupable, le mettra dans l'impossibilité d'invoquer comme excuse son ignorance de l'emploi que l'acheteur devait faire du produit. Indiquer la destination du produit, c'est, par exemple, annoncer que l'extrait sec offert rend aux vins mouillés « les éléments constitutifs qui leur manquent », que telle coloration artificielle peut s'employer pour colorer les vins, etc.... (voir le discours de M. Sarraut, *Officiel, loc. cit.*), c'est, en un mot, annoncer à l'acheteur l'usage illicite qu'il pourra faire du produit.

Toutefois, le texte de l'article 3-4° ne dit pas : Ceux qui exposeront, mettront en vente ou vendront « avec indication de leur destination », mais bien « sous forme indiquant leur destination » ; il ne suffit donc pas que la destination du produit soit indiquée d'une manière quelconque, il faut qu'elle soit indiquée par la façon même dont le produit est exposé, mis en vente ou vendu ; ainsi, le vendeur « aura mis de l'acide salicylique dans un petit flacon avec une étiquette indiquant que le produit est destiné à être introduit dans les vins », ou il aura mis dans une boîte une matière colorante, « mélangée, d'ailleurs, avec deux ou trois autres pour en modifier la teinte et l'approprier précisément à la falsification, c'est-à-dire pour lui donner une teinte analogue à celle des vins naturels », et aura ajouté « une étiquette montrant la destination ». Tels sont les exemples donnés par M. Cazeneuve, à l'appui d'un amendement présenté par lui en même temps que l'amendement de M. Albert Sarraut, et dans lequel figuraient précisément les mots « sous forme indiquant leur destination », qui ont été conservés dans le texte de l'article 3-4° (1re séance du 16 décembre 1904, *Officiel* du 17 décembre, p. 3099).

34. Provocation, au moyen de la publicité, a l'emploi des produits propres a effectuer la falsification. — Cette provocation peut résulter, d'après l'article 3-4°, « de brochures, circulaires, prospectus, affiches, annonces ou instructions quelconques » ; ce dernier mot nous semble devoir comprendre les lettres missives, adressées personnellement à un vigneron, à un marchand, qui ne pourraient être rangées dans la catégorie des circulaires, et aussi les articles de journaux qui ne pourraient être regardés comme des annonces, quand ces lettres ou ces articles expliqueront la propriété de tel ou tel produit, l'usage qu'on en peut faire, la manière de l'utiliser, etc.... ; ce seraient bien là, en effet, des instructions données dans un cas confidentiellement, et dans l'autre publiquement

La loi punit la provocation « à l'emploi » des produits.... ; il ne sera donc pas nécessaire que celui qui préconise l'emploi d'un de ces produits en offre en même temps la vente ; ainsi l'annonce, dans un journal, qui ne parlera que de l'emploi, de la propriété du produit, sans ajouter que telle personne le tient à la disposition des amateurs, sans en offrir la vente, tombera sous le coup de la loi.

35. Nécessité d'une intention frauduleuse. — Comme tous les autres délits punis par la loi du 1er août 1905, ceux prévus par l'article 3-4° supposent chez le délinquant une *intention frauduleuse* ; cette intention frauduleuse consistera dans le but, poursuivi par le délinquant, de fournir à autrui les moyens de *falsifier* des denrées, des boissons ou des produits agricoles ou naturels, soit en cherchant à vendre ou en vendant des produits propres à cette falsification, soit en provoquant à l'emploi de ces produits. Si le but était différent, si les produits exposés, mis en vente ou vendus, si les explications contenues dans une brochure ou dans un prospectus ne devaient, par exemple, dans l'esprit du prévenu, servir qu'à des expériences scientifiques, il n'y aurait évidemment pas de délit. Il n'y aurait pas de délit non plus si les produits exposés, mis en vente ou vendus, ou dont l'emploi est préconisé, étaient destinés, non à *falsifier* d'autres produits, mais seulement à les modifier conformément aux usages commerciaux ou à les améliorer ou conserver ; voir ci-desssus, n° 21.

Ce seront là des questions à apprécier par les juges du fait.

VII.

Détention de poids ou mesures faux ou autres appareils inexacts ; de denrées, boissons, produits agricoles ou naturels falsifiés, corrompus ou toxiques ; de substances médicamenteuses falsifiées et de produits propres à effectuer des falsifications.

36. Lieux visés par l'article 4. — L'article 3 de la loi du 27 mars 1851, qui punissait déjà la détention de faux poids ou fausses mesures ou de substances falsifiées ou corrompues, avait reproduit, quant aux lieux où cette détention était punissable, l'énumération contenue dans l'article 479-5° du Code pénal, lequel réprimait seulement la détention de faux poids ou fausses mesures ; ces lieux étaient les *magasins, boutiques, ateliers* ou *maisons de commerce*, et les *halles, foires* ou *marchés ;* à cette nomenclature la loi du 1ᵉʳ août 1905 a ajouté les *voitures servant au commerce, les entrepôts, abattoirs* et *leurs dépendances, et les gares.*

Magasins, boutiques ou ateliers. — Devra être considéré comme tel le lieu où une marchandise est préparée ou déposée pour être ensuite mise en vente, bien que ce lieu ne serve pas ordinairement et habituellement de magasin ou d'atelier (Paris, 23 août 1855, Dalloz, 1859. 5, 396).

Maisons servant au commerce. — Il faut comprendre dans cette expression toutes les parties de la maison qui servent au commerce ; par exemple la cave d'un débitant où se trouvent des boissons falsifiées (voir Agen, 17 janvier 1855, Dalloz. 1855, 2, 151).

Voitures servant au commerce. — Ces mots ont été ajoutés sur un amendement de M. Perroche ; comme l'a déclaré celui-ci, reste en dehors des prévisions de la loi le colporteur qui n'a qu'une balle (1ʳᵉ séance du 16 février 1905, *Officiel* du 17 février, p. 361). Quant aux voitures, la loi ne parle que de celles « servant au commerce » ; il ne suffirait donc pas, pour que l'article 4 soit applicable, qu'une voiture, sans servir à son commerce, appartînt à un commerçant.

Entrepôts et gares. — La gare d'où une marchandise est directement transmise au client était déjà considérée comme un entrepôt et assimilée comme telle par la jurisprudence aux divers lieux énumérés dans l'article 3 de la loi de 1851 (Paris, 28 novembre 1856 (six arrêts), 16 décembre 1856, 3 avril 1857, 15 juillet 1858, Dalloz, 1859, 5, 395).

M. Perroche avait déposé, après l'amendement dont il vient d'être parlé, à propos des « voitures servant au commerce », un autre amendement aux termes duquel l'article 4 § 2 aurait été réduit à cette seule phrase : « Ceux qui, sans motifs légitimes, seront trouvés détenteurs », toute énumération de lieux étant supprimée ; la détention des faux poids, fausses mesures, substances falsifiées, etc ... aurait pu ainsi être punie non seulement dans tous lieux servant au commerce, mais aussi dans tous lieux privés, lorsque les tribunaux auraient décidé qu'elle était « sans motifs légitimes ».

Mais ce second amendement de M. Perroche a été retiré par son auteur, sur les observations de M. Dauzon. rapporteur, et du ministre de l'agriculture ; « la commission repousse le second amendement de notre honorable collègue, disait le rapporteur, parce qu'elle estime que la loi ne serait pas suffisamment explicite et que le fait d'indiquer la simple détention pourrait donner aux agents de l'administration un droit véritablement révoltant de persécution ; ils pourraient pénétrer jusque dans le domicile privé » (1ʳᵉ séance du 16 février 1905, *Officiel* du 17 février, p. 360 et 361).

L'énumération de l'article 4 § 2 de la loi de 1905 est donc limitative ; la détention d'un des objets ou des produits énoncés dans ce paragraphe, en dehors des lieux par lui cités, par exemple, dans le domicile privé d'un commerçant, ne saurait constituer un délit.

37. Objets ou produits dont la détention est punie par l'article 4. — Ce sont, outre les poids et mesures faux, ou autres appareils inexacts servant au pesage ou au mesurage des marchandises, tous les produits dont l'article 3-2°, 3° et 4° interdit l'exposition, la mise en vente et la vente ; il y a là une corrélation qui s'imposait d'elle-même.

En ce qui concerne ces produits : denrées, boissons, produits naturels ou agricoles, médicaments, produits destinés à la falsification, nous renverrons donc simplement à ce qui a été dit ci-dessus, nᵒˢ 24, 25, 32 et 33.

En ce qui concerne les poids et mesures, nous rappellerons les décisions suivantes : tout poids n'ayant pas la pesanteur prescrite, que la différence soit en plus, soit en moins, doit être, aux termes des articles 480 et 481 du Code pénal, réputé un poids faux, le déficit ou l'excédent pouvant également devenir un moyen de fraude (Cassation, 1ᵉʳ août 1861, Dalloz, 1861, 1, 453) ; une balance, qui ne fonctionne régulièrement que quand l'objet à peser est placé sur le milieu du plateau, ne constitue pas un instrument sincère, et sa détention tombe sous l'application de l'article 3 de la loi de 1851, aujourd'hui article 4 de la loi de 1905 (Cassation, 10 juillet 1885, Dalloz, 1887, 1, 92) ; voir aussi Cassation, 5 juillet 1890, Dalloz, 1891, 1, 143 ; tombe également sous l'application de l'article 3 de la loi de 1851 la détention de poids ou de mesures faux, quoique ceux-ci appartiennent à l'ancien système (Orléans, 10 novembre

1852, Dalloz. 1853, 2, 89 ; Cassation, 7 février 1856, Dalloz, 1856, 1, 183).

Quant à la détention de poids et mesures autres que ceux établis par les lois en vigueur, ou non vérifiés, mais qui ne seraient pas faux, elle est seulement punie de la peine prévue par l'article 479 du Code pénal, amende de 11 à 15 fr. (article 4 de la loi du 4 juillet 1837; Cassation, 12 juillet 1866, Dalloz, 1866, 5, 356); comp. ci-dessus, n° 15 *in fine*.

38. Détention « sans motifs légitimes ». — La détention des objets ou produits énoncés dans l'article 4 est seulement punissable, d'après le texte même du paragraphe 2, quand elle a lieu *sans motifs légitimes ;* semblable disposition se trouvait déjà dans l'article 3 de la loi de 1851.

« Par *motif légitime*, dit M. Garraud, *op. cit.*, t. VI, n° 2496, on doit entendre tout motif qui exclut l'intention frauduleuse, l'intention de retirer un profit illicite de l'objet falsifié. On le trouve, par exemple, dans l'attitude du détenteur de denrées falsifiées ou corrompues, qui vient de recevoir ces denrées et justifie avoir fait diligence contre le vendeur. » Lors de la discussion de la nouvelle loi devant le Sénat, M. Grivart, président de la commission, s'exprimait ainsi pour justifier la nécessité de maintenir dans le texte du projet les mots « sans motifs légitimes » : « Il y a des cas, dont nous ne pouvons pas faire l'énumération complète à la tribune, dans lesquels, en dépit de la détention matérielle des objets dont il s'agit, la bonne foi du détenteur peut être établie. Il faut qu'il lui soit permis de la prouver, malgré la présomption qui résulte de la possession desdits objets. » (Séance du 24 janvier 1899, *Officiel* du 25 janvier, p. 33.)

L'appréciation des « motifs légitimes » sera faite par les juges du fond, qui auront ainsi à rechercher s'il y avait vraiment chez le prévenu bonne foi, absence d'intention frauduleuse. C'est au prévenu, d'ailleurs, qu'incombera la preuve de la réalité des « motifs légitimes » invoqués par lui (Garraud, *op. cit.*, t. VI. n° 2496; Cassation, 4 janvier et 6 juillet 1895, Dalloz, 1895, 1, 517); telle est également l'opinion émise au Sénat dans les explications du président de la commission qui viennent d'être rapportées.

39. Peines; circonstances aggravantes. — Les peines prévues par l'article 3 de la loi de 1851, amende de 16 à 25 fr., et emprisonnement de six à dix jours, sont, d'après l'article 4 § 1er, une amende de 50 à 3,000 fr. et un emprisonnement de six jours au moins et de trois mois au plus.

En outre, les paragraphes 7 et 8 du même article élèvent ces peines de trois mois à un an, pour l'emprisonnement, et de 100 à 5,000 fr. pour l'amende, si la substance ali-

mentaire falsifiée ou corrompue, que détenait le délinquant, était nuisible à la santé de l'homme ou des animaux, ou si elle était toxique, de même si la substance médicamenteuse falsifiée était nuisible à la santé de l'homme ou des animaux, et dans ce cas l'emprisonnement devra être appliqué.

Ces deux paragraphes n'étant que la reproduction de l'article 3 § 6, nous renverrons à ce qui a été dit ci-dessus, n° 29, en faisant remarquer, toutefois, que l'article 3 § 6 commence ainsi : « Si la substance falsifiée ou corrompue.... », tandis que l'article 4, § 7 dit : « Si la substance *alimentaire* falsifiée ou corrompue », sans qu'on puisse voir dans la discussion de la loi le motif qui a fait maintenir le mot « alimentaire ».

Les dispositions de l'article 4 §§ 7 et 8 ne devraient donc pas s'appliquer au cas d'une substance non alimentaire, exception faite, bien entendu, des substances médicamenteuses.

40. Fruits frais et légumes frais fermentés ou corrompus. — De même que l'article 3, l'article 4 n'est pas applicable aux fruits frais et légumes frais fermentés ou corrompus (article 4 § 9) ; voir ci-dessus, n° 30.

VIII.

Poursuites.

41. Recherches et constatations des infractions ; exercices des poursuites ; tribunal compétent. — L'article 11-5° dit qu'il sera statué par les règlements d'administration publique, dont nous parlerons plus loin, n°s 55 et suiv., en ce qui concerne « les autorités qualifiées pour rechercher et constater les infractions à la présente loi ». Parmi ces autorités, devront se trouver nécessairement les officiers de police judiciaire (comp. décrets du 10 mai 1889 pour la répression des fraudes dans le commerce des engrais, article 4 § 1, et du 9 novembre 1897 pour la répression des fraudes dans le commerce du beurre et la fabrication de la margarine, article 19 § 1).

La répression des infractions à la loi du 1er août 1905 ne sera pas, d'ailleurs, subordonnée à l'existence de procès-verbaux réguliers dressés par les agents qu'auront désignés les règlements d'administration publique ; conformément aux règles générales de la procédure en matière correctionnelle (voir Dalloz, *Suppl. au Répert. alphab.*, v° Procédure criminelle, n°s 1135 et suiv.), les juges, saisis de la connaissance d'une de ces infractions, pourront puiser leur conviction dans tout autre mode de preuve; il a été jugé, dans ce sens, que la preuve des délits de falsification de vin et de mise en vente de vin falsifié n'est pas subordonnée à l'existence et à la validité de procès-verbaux emportant présomption de vérité, les juges pouvant retenir comme élément de conviction les énonciations, ayant la valeur de simples renseignements, contenues dans les écrits au moyen desquels des agents non assermentés rendent compte des actes accomplis par eux dans leur service (Cassation, 22 mars 1901, Dalloz, 1902, 5, 714).

S'agissant de délits, le tribunal correctionnel sera saisi soit à la requête du ministère public, soit à la requête de toute partie qui, à un titre quelconque, aura été lésée par le délit (voir Cassation, 21 janvier 1892, Dalloz, 1892, 1, 397).

Le tribunal compétent pour connaître d'un délit est, d'après l'article 63 du Code d'instruction criminelle, celui du lieu du délit, celui du domicile ou de la résidence du prévenu, ou enfin celui du lieu où le prévenu est trouvé. Il n'y aura qu'à suivre cette règle quand il s'agira de rechercher le tribunal compétent pour connaître d'une des infractions actuellement prévues et punies par la loi du 1ᵉʳ août 1905.

Le lieu du délit peut cependant parfois être assez difficile à déterminer au premier abord : ainsi, si un acheteur se plaint d'avoir été trompé sur la nature, la qualité ou la quantité des marchandises à lui expédiées par son vendeur, ou d'avoir reçu des marchandises falsifiées, quel est exactement le lieu où l'on peut dire que le délit a été commis? Est-ce le lieu de l'expédition ou celui de la destination des marchandises ?

D'après la jurisprudence établie sous l'empire de l'article 423 du Code pénal et de la loi de 1851, le lieu du délit est le lieu de l'expédition, si c'est là que les marchandises ont été livrées à l'acheteur (Cassation, 13 décembre 1872, Dalloz, 1873, 5, 127 ; Paris, 13 juin 1873, Dalloz, 1874, 2, 119), que, par suite des conventions des parties, la vente a été parfaite (Nimes, 11 décembre 1890, Dalloz, 1892, 2, 16), ou même si c'est là que les marchandises ont été pesées, c'est-à-dire individualisées, et remises au voiturier par le vendeur, la vente étant devenue parfaite dès ce moment aux termes de l'article 1585 du Code civil (Cassation, 24 décembre 1875, Dalloz, 1876, 1, 91 ; Paris, 27 novembre 1898, Dalloz, 1899, 2, 460). Le lieu du délit sera, au contraire, le lieu de la destination, si c'est à ce lieu seulement que la marchandise, du vin, dans l'espèce, devait être dégustée et agréée (Cassation, 5 janvier 1877, Dalloz, 1877, 1, 464 ; 11 novembre 1887, Dalloz, 1888, 1, 288) ; si l'acheteur n'a pas fait vérifier et agréer les marchandises au lieu de l'expédition, et si c'est seulement au lieu de destination qu'il doit en prendre livraison et

que le marché doit être ainsi définitivement exécuté ou refusé (Dijon, 22 août 1877, Dalloz, 1879, 5, 89) ; si c'est encore seulement au lieu de destination que le pesage et la livraison devaient avoir lieu et rendre ainsi la vente parfaite (Cassation, 8 mai 1879, Dalloz, 1879, 1, 487) ; si la marchandise avait été expédiée aux frais du vendeur, la vérification de la marchandise qui constitue son individualisation ayant alors lieu seulement au lieu de destination (Cassation, 7 mai 1887, Dalloz, 1888, 5, 108).

Le lieu du délit sera donc souvent le même que le lieu du domicile du vendeur, et c'est devant le tribunal de celui-ci que l'acheteur devra intenter ses poursuites. La commission du Sénat avait pensé qu'il n'était pas « juste d'obliger la victime d'une fraude à plaider loin de son domicile, loin du lieu où les constatations utiles ont pu se faire » (Rapport de M. Thévenet, *Officiel*, documents du Sénat, session extraordinaire de 1898, annexe nº 324, p. 643), et, sur sa proposition, le Sénat avait voté une disposition formant l'article 10 de la loi et ainsi conçue : « En cas de vente de marchandises à expédier par les soins du vendeur en un lieu désigné, les poursuites exercées en vertu de la présente loi pourront, malgré toutes stipulations contraires, être portées devant le tribunal du lieu de destination si, antérieurement à leur expédition, lesdites marchandises n'ont pas été l'objet d'une réception effective par l'acheteur. » Mais, sur la demande de M. Brindeau, cette disposition a été supprimée par la commission de la Chambre des députés au moment de la discussion de la loi (1ʳᵉ séance du 16 février 1905, *Officiel* du 17 février, p. 371).

On est ainsi « revenu purement et simplement aux règles du droit commun, » suivant les expressions de M. Brindeau ; en ne voulant pas obliger « la victime d'une fraude » à plaider loin de son domicile, la commission du Sénat avait peut-être, en effet, perdu de vue que le procès qui allait s'engager avait précisément pour but de savoir s'il y avait eu « une fraude » et, par conséquent, « une victime ».

42. DOCUMENTS DES ADMINISTRATIONS PUBLIQUES ET DES ENTREPRENEURS OU DES CONCESSIONNAIRES DE TRANSPORTS POUVANT SERVIR A LA PREUVE DES DÉLITS. — D'après l'article 10, « en cas d'action pour tromperie ou tentative de tromperie sur l'origine des marchandises, des denrées alimentaires ou des produits agricoles et naturels, le magistrat instructeur ou les tribunaux pourront ordonner la production des registres et documents des diverses administrations, et notamment celles des contributions indirectes et des entrepreneurs de transports. »

Cet article a pour origine un amendement présenté lors de la discussion devant la Chambre des députés par M. Paul Coutant et plusieurs de ses collègues (1re séance du 23 février 1905, *Officiel* du 24 février, p. 485 et suiv.) ; son but est, dans la pensée de ses auteurs, de permettre d'atteindre plus facilement les fraudes commises à propos de l'origine de certains produits agricoles, tels que les vins notamment.

Il faut reconnaître cependant que les pouvoirs qu'il semble spécialement donner aux magistrats instructeurs et aux tribunaux leur appartiennent déjà suivant le droit commun ; aux magistrats instructeurs, en vertu des articles 87, 88 et suivants du Code d'instruction criminelle, et aux tribunaux correctionnels, en vertu de leur droit d'ordonner, au cours des débats, toutes mesures propres à la manifestation de la vérité.

Plusieurs députés ont donc contesté l'utilité de la disposition contenue dans l'article 10, et le ministre de l'agriculture faisait observer « qu'il s'agissait de droit commun et que le meilleur procédé à suivre serait peut-être encore d'agir par voie de circulaire et de laisser au ministre de l'agriculture le soin, par une requête adressée à son collègue le garde des sceaux, de prier celui-ci d'attirer l'attention des tribunaux sur la nécessité de faire produire les registres et documents des contributions indirectes, aussi bien que les registres et documents émanant des entrepreneurs de transports » (*Officiel, loc. cit.*, p. 489).

La Chambre a estimé néanmoins « qu'il était utile, dans une loi aussi délicate, de renouveler le droit commun », « de le confirmer purement et simplement » (MM. Decker-David, président de la commission, et Noulens), et l'article 10 a été voté.

Si cet article ne fait que confirmer le droit commun, on doit en conclure nécessairement qu'il laisse intacts tous les pouvoirs appartenant déjà aux magistrats instructeurs et aux tribunaux pour la recherche et la preuve des délits, et que ces pouvoirs ne sauraient être restreints par aucun argument *à contrario* tiré de l'article lui-même. Ainsi, le juge d'instruction aura toujours, en vertu des articles 87 et 88 du Code d'instruction criminelle, le droit de saisir à la poste la correspondance adressée soit au prévenu, soit à des tiers, bien que l'amendement de M. Paul Coutant et le texte proposé par la commission comprissent dans leur énumération l'administration des postes, et que ces derniers mots, sur les observations du ministre de l'agriculture, aient été supprimés par un vote du texte définitif de l'article 10.

Ces explications étant données sur le sens et la portée de cet article, nous ne ferons que les courtes observations suivantes sur le texte même de l'article :

1° L'article 10 vise seulement « le cas d'action pour tromperie ou tentative de tromperie » et non « le cas d'un procès quelconque », la production des registres et documents pouvant, d'ailleurs, être demandée aussi bien par la partie civile que par le procureur de la République (observations de M. Dauzon, rapporteur, *Officiel, loc. cit.*, p. 488) ;

2° Si une action pour tromperie sur l'origine d'une marchandise était intentée non devant un tribunal correctionnel, mais devant une juridiction civile, le demandeur ne pourrait, suivant nous, se prévaloir de la disposition de l'article 10 ; car la loi de 1905 ne s'occupe que des poursuites ayant pour but la répression des délits prévus par elle, et, dans la discussion de l'article 10, aucune allusion n'a été faite au cas d'une action intentée au civil ;

3° Les mots « entrepreneurs de transports » ont remplacé ceux de « concessionnaires de transports » qui figuraient dans le texte proposé par les auteurs de l'amendement et la commission ; ils ont un sens général et s'appliquent non seulement aux compagnies de chemins de fer, mais à toutes sociétés ou particuliers exerçant l'entreprise de transports, à titre public ou privé (observations de M. Paul Coutant et du ministre de l'agriculture, *Officiel, loc. cit.*, p. 488).

Ajoutons que, d'après l'article 11-5°, les règlements d'administration publique qui désigneront les agents ayant qualité « pour rechercher et constater les infractions à la présente loi », statueront également sur « les pouvoirs qui leur seront conférés pour recueillir des éléments d'information auprès des diverses administrations publiques et des concessionnaires de transports ».

43. EXPERTISES. — Aux termes de l'article 12, les expertises doivent être contradictoires, et le prix des échantillons reconnus bons doit être remboursé.

Aucune observation n'est à faire sur la seconde partie de cette disposition, due à un amendement de MM. Deville et Puech (1re séance de la Chambre du 23 février 1905, *Officiel* du 24, p. 499 et 500) et qui n'est que l'application d'une mesure équitable (comp. loi du 16 avril 1897, sur les beurres et la margarine, article 15), mais il est utile de rappeler sommairement les observations auxquelles a donné lieu la première partie de l'article 12.

MM. Devins, Cazeneuve et Vigouroux voulaient réglementer dans la loi elle-même la procédure de l'expertise contradictoire, dont la loi se borne seulement à énoncer le principe, et ils avaient déposé un amendement ainsi conçu :

« Les expertises auxquelles donnera lieu l'application de la présente loi seront contradictoires.

« A cet effet, dès qu'un échantillon aura été déclaré ou sera prétendu suspect, avis en sera donné, par lettre recommandée, aux intéressés, qui auront trois jours pour désigner un expert qui procédera aux opérations nécessaires contradictoirement avec l'expert désigné par le procureur de la République ou par la partie poursuivante, si l'action est intentée par un tiers.

« Un délai de trois jours est accordé pour le même objet et dans les formes ci-dessus indiquées au producteur ou vendeur mis en cause par celui en la possession duquel se trouve l'échantillon suspect.

« Dans le cas où les experts sont d'avis opposé, ils désignent, pour les départager, un troisième expert. A défaut d'entente pour ce choix, le tiers expert sera désigné par ordonnance du président du tribunal civil, rendue sur simple requête adressée à ce magistrat par le procureur de la République. Il en sera de même dans le cas où les parties n'auraient pas fait de désignation d'expert dans les délais ci-dessus fixés.

« Les experts seront dispensés du serment. Ils seront choisis, tant par le ministère public que par les parties, parmi les praticiens pourvus de diplômes spéciaux et possédant les conditions d'aptitude à déterminer par le règlement d'administration publique prévu dans l'article 11 de la présente loi.

« Copie sera donnée des termes du présent article dans l'avis mentionné au paragraphe 2 » (1re séance du 23 février 1905, *Officiel* du 24 février, p. 501 et suiv.).

A l'appui de cet amendement, M. Devins rappelait le projet de loi voté par la Chambre le 30 juin 1899 sur les expertises médico-légales et chimico-légales, et actuellement soumis au vote du Sénat ; il citait la définition du mot « contradictoire » donnée par le rapporteur de ce projet de loi, et suivant laquelle l'expert désigné par le juge et celui désigné par le prévenu doivent « collaborer », faire « un rapport commun après une discussion contradictoire, c'est-à-dire après une discussion à laquelle chacun aura pris part sur un pied de parfaite et complète égalité ».

Mais la commission pensa qu'en présence du projet de loi sur les expertises, dont il vient d'être parlé, il n'y avait pas lieu de réglementer spécialement celles-ci dans la loi sur les fraudes, et l'amendement fut retiré.

Il fut toutefois assuré à M. Devins par le ministre de l'agriculture que sa proposition, « dans son principe comme dans les détails », trouverait place dans le règlement d'administration publique, et M. Chaigne, parlant au nom de la commission, déclara que ce règle-

ment « reprendrait avec profit les indications très étudiées de M. Devins ».

Les expertises, quand il s'agira de délits prévus par la loi du 1er août 1905, devront, par conséquent, être faites par deux experts, l'un désigné par le ministère public ou la partie civile, l'autre par le prévenu, avec adjonction, s'il y a lieu, d'un troisième pour départager les deux premiers ; après le débat que nous venons de rappeler, le mot « contradictoire » employé par l'article 12 ne saurait être interprété différemment.

Le décret du 9 novembre 1897, relatif à la répression de la fraude dans le commerce du beurre et la fabrication de la margarine, prévoit bien une contre-expertise, si l'analyse du chimiste-expert désigné par le gouvernement est contestée (article 16) ; mais le système de l'expertise contradictoire paraît préférable.

44. Poursuite commencée devant être continuée et terminée en vertu des mêmes textes. — Aux termes de l'article 8 § 1er, toute poursuite exercée en vertu de la nouvelle loi doit être « continuée et terminée en vertu des mêmes textes. »

Ce paragraphe est dû à un amendement de M. Thierry (1re séance du 16 février 1905, *Officiel* du 17 février, p. 367). L'auteur en a expliqué la raison et le but par l'exposé du fait suivant : un individu avait été poursuivi pour infraction à la loi du 16 avril 1897 sur les beurres ; il y avait eu une expertise et deux contre-expertises, et ces dernières avaient été favorables au prévenu, puis celui-ci fut cité devant le tribunal correctionnel, non plus en vertu de la loi de 1897, mais en vertu de la loi de 1851 ; la poursuite se trouvant alors basée sur un texte autre que celui en vertu duquel avait eu lieu la procédure d'expertise, on lui refusa la communication de cette procédure.

M. Dauzon, rapporteur, en déclarant que la commission acceptait l'amendement, s'exprima ainsi : « La commission est très frappée de l'exemple que vous lui donnez et, bien que notre loi abroge les lois de 1851 et de 1855, comme il est énuméré à l'article 5 un certain nombre de lois spéciales en vertu desquelles des poursuites peuvent être exercées, la commission est d'accord avec vous et accepte votre amendement. »

Ainsi, aucun doute n'est possible à cet égard, quand il résultera d'une procédure commencée en vertu de la loi du 1er août 1905, qu'il y a bien eu de la part du prévenu une infraction commise, non pas cependant à la loi de 1905, mais, par exemple, à celle de 1888 sur les engrais ou de 1897 sur les beurres, il faudra terminer la procédure par une ordonnance de non-lieu ou un jugement d'acquittement, et en recommencer une nouvelle ; il en sera de même si le fait, considéré d'abord comme une tromperie ou une vente de substance falsifiée, constitue en réalité une escroquerie.

L'article 8 § 1er apporte donc une exception à ce principe que, tant qu'il n'y a pas de décision définitivement rendue par la juridiction de répression, la qualification du délit, motivant la poursuite, peut être changée, même jusque devant les juges d'appel (Dalloz, *Suppl. au Répert. alphab.*, v° Compétence criminelle, n°s 290 et suiv., et v° Procédure criminelle, n°s 1110 et suiv.).

Ni l'ordonnance de non-lieu ni le jugement d'acquittement ne pourront, d'ailleurs, empêcher une nouvelle poursuite basée sur un autre texte ; car, si en règle générale l'ordonnance de non-lieu et, ce qui est moins certain, le jugement d'acquittement ont l'autorité de la chose jugée quant au fait même sur lequel ils ont statué, et si ce fait ne peut motiver une nouvelle poursuite sous une autre qualification (voir Dalloz, *Suppl. au Répert. alphab.*, v° Chose jugée, n°s 238 et 339 et suiv.), c'est que le juge d'instruction et le tribunal correctionnel ont pu, comme dit Dalloz, apprécier le fait dont ils étaient saisis sous toutes ses faces et dans tous ses rapports avec la loi pénale ; mais ici il en est différemment : l'un et l'autre sont liés par la procédure commencée, et reconnaître à leurs décisions l'autorité de la chose jugée aboutirait parfois à assurer l'impunité à des faits délictueux nettement établis, mais dont la poursuite seulement a révélé le véritable caractère ; une telle conséquence est évidemment inadmissible.

L'article 8 § 1er dit que la poursuite devra être « continuée et terminée en vertu des mêmes textes ». Il ne faut pas, suivant nous, comprendre ces derniers mots dans un sens trop restreint, et dire ainsi qu'une poursuite commencée en vertu de l'article 1er pour tromperie sur la nature de la marchandise devra être continuée et terminée en vertu du même article 1er, et non en vertu de l'article 3 pour vente de marchandise falsifiée : les mots « en vertu des mêmes textes » doivent être considérés comme voulant dire « en vertu de la même loi. » C'est ce qui semble bien, du reste, résulter des explications de M. Thierry et de l'observation du rapporteur.

IX.

Pénalités.

45. Emprisonnement. — Les peines d'emprisonnement prévues par la loi du 1er août 1905 sont les mêmes que celles édictées par l'article 423 du Code pénal et la loi du 27 mars 1851, sauf : 1° au cas de tromperie sur la quantité des choses livrées à l'aide de faux poids ou mesures, ou de manœuvres ou indications frauduleuses ; aux termes de l'article 1er-3° de la loi de 1851, l'emprisonnement n'était que de trois mois à un an, tandis qu'il est de trois mois à deux ans, d'après l'article 2 de la loi de 1905 ; 2° au cas de détention sans motifs légitimes de faux poids, fausses mesures, substances falsifiées ou corrompues ; l'emprisonnement, qui n'était, d'après l'article 3 de la loi de 1851, que de six à dix jours, est maintenant de six jours à trois mois, et peut être même de trois mois à un an, si les substances falsifiées ou corrompues sont nuisibles à la santé (article 4 de la loi de 1905).

L'emprisonnement doit être prononcé dans les cas prévus par les articles 3 § 6 (voir ci-dessus, n° 29), et 4 § 7 (voir ci-dessus, n° 39), et aussi en cas de récidive (article 5 § 9 ; voir ci-dessous, n° 52) ; le tout, sauf admission de circonstances atténuantes (article 8, § 3 ; voir ci-dessous, n° 51).

Enfin, les infractions aux prescriptions des règlements d'administration publique dont il est parlé dans l'article 11, peuvent être punies, en sus de l'amende, d'un emprisonnement de six à quinze jours, au cas de récidive prévu par l'article 13 § 3 (voir ci-dessous, n° 58).

46. Amende — L'article 423 du Code pénal et la loi de 1851 fixaient le montant des amendes d'après le chiffre des « restitutions et dommages-intérêts » ; ainsi, l'amende ne pouvait excéder le quart des restitutions et dommages-intérêts, ni être au-dessous de 50 fr. (article 423 du Code pénal), ou bien elle était de 50 à 500 fr. « à moins que le quart des restitutions et dommages-intérêts n'excédât cette dernière somme » (article 2 de la loi de 1851) ; elle pouvait même être portée jusqu'à 1,000 fr. « si la moitié des restitutions et dommages-intérêts n'excédait pas cette somme » (article 4 de la loi de 1851) ; dans un seul cas, elle était invariablement fixée à la somme de 10 à 25 fr. (article 3 de la loi de 1851).

Il y avait là une source de difficultés, dont témoigne une jurisprudence nombreuse dans l'examen de laquelle il est maintenant sans intérêt d'entrer, et le législateur de 1905 a, sur ce point, abandonné avec raison le système de l'ancienne législation ; voir l'exposé des motifs, *Officiel*, documents du Sénat, session ordinaire de 1898, annexe n° 248, p. 408.

La loi du 1er août 1905 a donc fixé le montant des amendes, sans se préoccuper des restitutions ni des dommages-intérêts, mais elle les a portées à des chiffres relativement élevés (articles 1er § 5 ; 3 § 6 ; 4 § 1er ; 7 § 6 ;

voir aussi l'article 13). « Tout le monde est d'accord, dit l'exposé des motifs, pour reconnaître que, dans la matière des tromperies et des falsifications, où il s'agit de délits inspirés par la cupidité, les pénalités les mieux appropriées à la nature de l'infraction sont l'amende « qui frappe à la bourse » le commerçant malhonnête, et l'affichage qui rejette sur son établissement un juste discrédit aux yeux du public » (*Officiel, loc. cit.*).

L'article 8 de la loi de 1851 attribuait les deux tiers du produit des amendes aux communes dans lesquelles les délits avaient été constatés ; l'article 9 § 1ᵉʳ de la loi de 1905 les répartit conformément aux lois de finances des 26 décembre 1890, article 11 ; 29 avril 1893, article 45, et 13 avril 1898, article 84, c'est-à-dire conformément au droit commun : 20 % reviennent à l'État et 80 % au département sous le nom de fonds commun ; ces 80 % sont attribués, après qu'ont été effectués les prélèvements énumérés dans l'article 84 de la loi du 13 avril 1898, savoir : un quart aux enfants assistés, trois quarts aux communes ou aux bureaux de bienfaisance qui éprouvent le plus de besoins, suivant la répartition faite par la commission départementale, sur les propositions du préfet.

Mais « la commission départementale peut, sur la proposition du préfet, accorder aux communes qui auront organisé une police municipale alimentaire, des subventions prélevées sur le reliquat disponible du fonds commun (article 9 § 3).

La Chambre a rejeté un amendement de M. Vaillant, tendant à ce que la totalité des amendes fût attribuée aux communes dans lesquelles les délits auraient été constatés et où une police municipale alimentaire aurait été instituée, « les sommes ainsi attribuées aux communes devant être entièrement employées à l'entretien et au développement de la police municipale alimentaire de la commune » (1ʳᵉ séance du 16 février 1905, *Officiel* du 17 février, p. 370 et suiv.).

47. Affichage et insertion du jugement dans les journaux (article 7). — L'article 6 de la loi de 1851 permettait au tribunal « d'ordonner l'affichage du jugement dans les lieux qu'il désignera, et son insertion intégrale ou par extrait dans les journaux qu'il désignera ; le tout aux frais du condamné ». La même disposition avait été ajoutée à l'article 423 du Code pénal par la loi du 13 mai 1863.

Mais rien n'était prévu quant à la durée de l'affichage, ni quant à la vente du fonds de commerce par le condamné contre lequel cette mesure était prononcée ; de plus, la suppression, la lacération ou la dissimulation des affiches ne pouvaient être punies que d'une peine de simple police, amende de 5 à 15 fr.,

et encore seulement quand les affiches étaient apposées « dans les emplacements à ce réservés » par l'administration (article 17 § 1ᵉʳ de la loi du 29 juillet 1881 sur la liberté de la presse). Aussi « la pratique des parquets révélait-elle de nombreux subterfuges à l'aide desquels les condamnés réussissaient à éluder presque complètement cette peine (de l'affichage) redoutée entre toutes. » (Rapport de M. Dauzon, *Officiel*, documents de la Chambre, session ordinaire de 1903, annexe n° 1044, p. 1913.) Le principal but de l'article 7 de la nouvelle loi a donc été d'assurer « l'exécution effective de l'affichage. »

L'affichage du jugement et son insertion dans les journaux *peuvent* seulement, en principe, être ordonnés par le tribunal ; mais l'affichage, à la différence de l'insertion dans les journaux, *doit* toujours être ordonné s'il y a à la fois récidive et refus des circonstances atténuantes (article 5 § 9, et 8 §§ 2 et 3) ; le tribunal est maître de désigner tels journaux ou tels lieux d'affichage qu'il lui plaît ; les magasins, usines et ateliers du condamné ne sont qu'une indication donnée par la loi.

Le projet déposé par M. Méline, ministre de l'agriculture, permettait d'ordonner même l'affichage à la porte des magasins des maîtres ou commettants déclarés civilement responsables du délit commis par leurs employés. La commission du Sénat a justement trouvé cette rigueur excessive et le paragraphe a été supprimé par elle (Rapport de M. Thévenet. *Officiel*, documents du Sénat. session extraordinaire de 1898, annexe n° 324, p. 643). De deux choses l'une, en effet, ou le maître est de mauvaise foi, et alors il doit être condamné comme complice de son employé ; ou il y a de sa part absence de mauvaise foi, ou, ce qui revient au même, celle-ci ne peut être établie, et alors il ne doit supporter que la responsabilité civile du délit.

Les frais de l'affichage et de l'insertion sont supportés par le condamné, mais la loi de 1905, ajoutant à l'article 423 du Code pénal et à la loi de 1851, ne veut pas que les frais de cette publication dépassent le maximum de l'amende *encourue ;* on remarquera que la loi ne dit pas de l'amende *prononcée.*

Quand il ordonne l'affichage, le tribunal doit, en même temps, fixer les dimensions de l'affiche et les caractères d'impression (amendement de M. Trannoy, 1ʳᵉ séance du 16 février 1905, *Officiel* du 17 février, p. 368).

Il doit également fixer la durée de l'affichage, qui ne peut excéder sept jours ; au cas de *suppression, dissimulation* ou *lacération* totale ou partielle des affiches, il est procédé à un nouvel affichage, afin d'assurer « l'exécution intégrale » de la peine prononcée pendant le délai fixé. Il y aura *dissimulation* quand, sans supprimer ni lacérer l'affiche, on l'aura

« masquée, soit au moyen de contrevents, soit en retournant les volets, de façon à ce qu'elle échappe aux regards du public » (M. Dauzon, rapporteur, *Officiel, loc. cit.*); nous ajouterons « soit de tout autre moyen, » le rapporteur paraissant bien avoir voulu seulement citer des exemples. Comp. loi du 29 juillet 1881, article 17 § 1er.

Les peines prononcées par les paragraphes 5 et 6 de l'article 7 ne peuvent atteindre, comme auteur du délit, que le condamné lui-même qui a supprimé, dissimulé ou lacéré ou a fait supprimer, dissimuler ou lacérer les affiches ; mais, dans ce dernier cas, celui qui a agi à son instigation ou par ses ordres pourrait être poursuivi comme complice du délit, en vertu de l'article 60 § 3 du Code pénal.

Quant au tiers qui enlèverait, déchirerait, recouvrirait ou altérerait les affiches, sans aucune connivence avec le condamné, il ne serait passible que d'une amende de 5 à 15 fr., par application de l'article 17 § 1er de la loi du 29 juillet 1881.

D'après le projet de loi, « lorsque l'affichage avait été ordonné à la porte des magasins du condamné, l'exécution du jugement ne pouvait être entravée par la vente du fonds de commerce réalisée *postérieurement à la perpétration du délit*. » Pour assurer l'efficacité de la peine à l'égard du vendeur coupable, on risquait malheureusement de sacrifier les intérêts de l'acquéreur de bonne foi ; voir à ce sujet les observations de MM. J Thierry et Jean Cruppi, à la Chambre des députés, 1re séance du 17 novembre 1904, *Officiel* du 18 novembre, p. 2491 et suiv.

Le texte de l'article 7 fut donc modifié, et la rédaction suivante fut proposée au vote de la Chambre : « Lorsque l'affichage.... l'exécution du jugement ne pourra être entravée par la vente du fonds de commerce réalisée postérieurement à la perpétration du délit, à moins que l'acheteur ne soit de bonne foi. Dans ce cas, le tribunal rapportera la peine d'affichage et la remplacera par l'amende ou l'emprisonnement prévu à l'article 1er » (1re séance du 16 février 1905, *Officiel* du 17 février, p. 368).

Mais M. Congy fit remarquer que l'acheteur serait ainsi obligé d'établir sa bonne foi « pour éviter cette peine très redoutée et très préjudiciable de l'affichage », ce qui serait contraire aux règles de la bonne justice et de l'équité. La Chambre, se rendant à ces raisons, adopta l'amendement présenté par lui et accepté par la commission, aux termes duquel les mots « postérieurement à la perpétration du délit » ont été remplacés par ceux-ci « postérieurement à la première décision qui a ordonné l'affichage », et le reste du paragraphe fut supprimé.

Dans le cas de vente du fonds de commerce entre le délit et la « première décision », il n'y aura plus lieu, par conséquent, à l'exécution de la peine de l'affichage à la porte des magasin ou boutique, sans qu'il soit nécessaire de se préoccuper de la bonne ou mauvaise foi de l'acheteur.

Par « première décision » nous entendons non seulement le jugement frappé d'appel, mais encore le jugement frappé d'opposition.

48. Confiscation (article 6). — Cette mesure était déjà ordonnée par l'article 423 du Code pénal et l'article 5 de la loi de 1851 ; la nouvelle loi en reprenant ces deux textes dans l'article 6 les a seulement modifiés sur quelques points de détail.

« Les objets dont les vente, usage ou détention *constituent le délit....* seront confisqués, » dit l'article 6 § 1er; comp. l'article 423 § 2 du Code pénal et l'article 5 § 1er de la loi de 1851. Il semble donc que s'il n'y a pas délit, si, par exemple, le vendeur est acquitté, vu sa bonne foi, parce qu'il ignorait la falsification ou la corruption des marchandises, celles-ci ne devraient pas être confisquées ; d'après la jurisprudence cependant, même en cas d'acquittement, les marchandises doivent être confisquées et détruites si elles sont nuisibles (Cassation, 3 janvier 1857, Dalloz, 1857, 1, 77 ; 12 juillet 1860, Dalloz, 1860, 1, 361; trib. corr. Lyon, 10 juin 1886, Dalloz, 1889, 3, 55); cette mesure doit alors être regardée « non plus comme une peine, puisque le prévenu est déclaré non coupable, mais comme une mesure de précaution que la loi a voulu prescrire dans l'intérêt de la santé publique et qui a pour objet d'enlever de la circulation des objets qui pourraient lui nuire » (arrêt du 3 janvier 1857). Voir dans le même sens Blanche, *op. cit.*, t. VI, n° 418 ; Chauveau et Faustin Hélie, *op. cit.*, t. V, n° 2437; Garraud, *op. cit.*, t. VI, n° 2509.

Le jugement précité du 10 juin 1886 décide même que la destruction devrait, en pareil cas, avoir lieu aux frais du prévenu acquitté ; voir la note de M. Garraud accompagnant cette décision dans Dalloz, *loc. cit.*

Les objets sont confisqués « s'ils appartiennent encore au vendeur ou détenteur » ; c'est l'application du principe posé par l'article 11 du Code pénal et que rappelait déjà l'article 423 du même Code. On devra considérer les objets comme appartenant, par exemple, encore au vendeur, quand le caractère frauduleux de la vente ne permet pas à celle-ci de subsister (Cassation, 15 mai 1856, Dalloz, 1856, 1, 287).

Mais si les objets étaient nuisibles, ils devraient être confisqués même dans le cas où ils n'appartiendraient pas au prévenu (Garraud, *op. cit.*, t. VI, n° 2509).

Le projet de loi. comme la loi de 1851 (article 5 § 2) permettait au tribunal de mettre les objets confisqués à la disposition de l'administration pour être attribués aux établissements d'assistance publique (la loi de 1851 disait *établissements de bienfaisance*) s'ils étaient « propres à un usage alimentaire ou médical »; sur un amendement de M. Cazeneuve, ces derniers mots ont été remplacés par ceux-ci ayant un sens général : « si les objets sont *utilisables* » (1ʳᵉ séance du 16 février 1905, *Officiel* du 17 février, p. 368). Ainsi, pour reprendre l'exemple donné par M. Cazeneuve, un engrais ne renferme pas la dose d'azote indiquée dans la facture; il est saisi et confisqué comme falsifié; pouvant cependant être encore utilisé dans la culture, il pourra être attribué à des établissements d'assistance publique possédant des exploitations agricoles.

49. PEINE ACCESSOIRE: PRIVATION DES DROITS ÉLECTORAUX (article 14). — Aux termes des articles 15 §§ 4 et 14, et 16 (modifiés par la loi du 24 janvier 1889) du décret organique du 2 février 1852 : 1° ne doivent pas être inscrits sur la liste électorale : *a*) les individus condamnés à trois mois de prison par application de l'article 423 du Code pénal et de l'article 1ᵉʳ de la loi du 27 mars 1851 ; *b*) les individus condamnés à l'emprisonnement par l'application de l'article 2 de la loi du 27 mars 1851 : 2° ne peuvent pas être inscrits sur la liste électorale pendant cinq ans, à dater de l'expiration de leur peine, les individus condamnés à plus d'un mois d'emprisonnement pour délits prévus par l'article 1ᵉʳ de la loi du 27 mars 1851.

L'article 14 de la loi du 1ᵉʳ août 1905, qui abroge dans le paragraphe 1ᵉʳ l'article 423 du Code pénal et les lois du 27 mars 1851 et du 5 mai 1855 rendant la précédente applicable aux boissons, spécifie, dans le paragraphe 2, que « néanmoins les incapacités électorales édictées par la loi du 24 janvier 1889 continueront à être appliquées comme conséquences des peines prononcées en vertu de la présente loi ».

Cette disposition devra, si nous ne nous trompons, être comprise de la façon suivante : quand il s'agira de déterminer, au point de vue électoral, la situation d'un individu condamné en vertu de la nouvelle loi. il faudra rechercher quelle incapacité sa condamnation aurait entraînée, sous l'ancienne législation, d'après la loi du 24 janvier 1889. Ainsi, en vertu de l'article 3-1° de la loi de 1905, un individu est condamné à plus d'un mois de prison, mais à moins de trois mois, pour falsification de denrées alimentaires, délit prévu autrefois par l'article 1ᵉʳ de la loi de 1851; il ne pourra pas être inscrit sur la

liste électorale pendant cinq ans (loi de janvier 1889, articles 15 et 16) ; de même un individu est condamné en vertu de l'article 3 § 6, à une peine d'emprisonnement quelconque pour vente d'une substance falsifiée et nuisible à la santé, délit prévu autrefois par l'article 2 de la loi de 1851 ; il perdra pour toujours ses droits électoraux (loi de janvier 1889, article 15 § 14).

Mais n'encourra aucune incapacité électorale l'individu condamné à une peine d'emprisonnement, de quelque durée qu'elle soit, pour détention de faux poids ou mesures, substances corrompues ou falsifiées, etc.... (article 4) ; la loi du 24 janvier 1889 ne parle pas, en effet, des délits de cette nature prévus précédemment par l'article 3 de la loi de 1851.

Nous croyons qu'il en serait de même au cas d'une infraction à l'article 3-4° (vente de produits propres à falsifier les denrées, et provocation à l'emploi de ces produits), délit qui n'était pas prévu par la législation précédente, et dont la loi de 1889 ne parle pas non plus, par conséquent ; il nous semble qu'en ce cas le condamné devrait bénéficier du principe qui veut que les lois pénales soient interprétées restrictivement.

50. SURSIS (article 8 § 4). — Par dérogation à l'article 1ᵉʳ de la loi du 26 mars 1891, le sursis ne peut être accordé en cas de condamnation à une amende. « Cette dérogation se justifie à la fois par l'esprit de la loi du 26 mars 1891, dont les effets salutaires s'attachent surtout au sursis prononcé par la première condamnation à l'emprisonnement, et par la nécessité que nous avons fait ressortir d'arriver à une répression efficace des fraudes par une sévère application des peines d'amende que les tribunaux pourront désormais proportionner à la gravité des délits en cette matière. » (Exposé des motifs, Documents du Sénat, session ordinaire de 1898, annexe n° 948, p. 408).

51. CIRCONSTANCES ATTÉNUANTES (article 8 §§ 2 et 3). — Cette disposition n'est que l'application du droit commun, comme le fait remarquer l'exposé des motifs; l'admission des circonstances atténuantes permettra aux tribunaux de ne pas prononcer l'emprisonnement et l'affichage même dans les cas où la loi l'ordonne impérativement (articles 3 § 6; 4 § 7; 5 § 9).

52. RÉCIDIVE. — L'article 4 de la loi de 1851 n'assimilait pour la récidive que les infractions à cette loi et les infractions à l'article 423 du Code pénal, toutes punies maintenant par la loi de 1905. Cette nouvelle loi considère, au contraire, comme un même délit, au point de vue de la récidive, non seulement les délits prévus par elle, mais encore ceux prévus par les lois spéciales sur les fraudes dans le commerce des engrais, des beurres, des vins, etc.... (article 5) : « Il est inadmissible, lit-on dans l'exposé des motifs, que la multiplicité des lois spéciales permette à un fraudeur d'habitude d'encourir successivement des condamnations dans les diverses branches de commerce réglementées par des lois spéciales, sans que les condamnations puissent être retenues pour le constituer en état de récidive à l'occasion d'un nouveau délit tombant sous l'application de la loi générale. » (*Officiel*, documents du Sénat, session ordinaire de 1898, annexe n° 248, p. 407.)

L'article 5 ne visait toutefois primitivement que le cas où, après une première condamnation prononcée par application de la nouvelle loi ou de celles énumérées dans le même article, le nouveau délit commis tombait « sous l'application de la présente loi »; mais à ces derniers mots, la commission, lors de la discussion à la Chambre, a ajouté : « ou des lois susvisées. »

La disposition a ainsi un caractère général qui peut la rendre applicable même au cas où le premier et le second délit ne seraient pas de ceux prévus par la loi de 1905; en d'autres termes, les délits prévus par la loi de 1905 et par les autres lois énumérées dans l'article 5 doivent être « considérées comme étant, au point de vue de la récidive, un même délit » (amendement de M. de Castelnau, retiré par son auteur, en présence du nouveau texte de la Commission, 1re séance du 16 février 1905, *Officiel* du 17 février, p. 364). C'est ce que l'article 58 du Code pénal décidait déjà pour le vol, l'escroquerie et l'abus de confiance, et pour le vagabondage et la mendicité.

D'après l'article 58 du Code pénal, pour qu'il y ait récidive motivant une aggravation de peine, il faut que la première condamnation ait consisté non pas seulement en une amende, mais au moins en une peine d'emprisonnement, même inférieure à un an ; c'est à cette condition que le condamné est en état de « récidive légale. » L'article 5 de la loi de 1905, au contraire, « considère comme étant en état de récidive légale quiconque ayant été condamné par application.... », sans parler de la nature de la condamnation. Une première condamnation, même seulement à une amende, suffira donc pour motiver une aggravation de peine ; comp. loi de 1851, article 4.

Cette aggravation sera déterminée de la façon suivante : 1° si la première condamnation a consisté en une peine d'emprisonnement supérieure à un an, la seconde condamnation sera du maximum de la peine portée par la loi, et cette peine pourra être élevée jusqu'au double ; l'interdiction de séjour, pendant cinq ans au moins et dix ans au plus, pourra même être prononcée (articles 57 et 58 § 1er du Code pénal); 2° si la première condamnation a consisté en une peine d'emprisonnement d'un an ou moins d'un an, la seconde condamnation ne pourra être inférieure au double de la peine déjà prononcée, sans pouvoir dépasser le double du maximum de la peine encourue (article 58 § 2 du même Code) ; 3° si la première condamnation a consisté seulement en une amende, la seconde condamnation comportera nécessairement une peine d'emprisonnement.

En cas de récidive, les peines d'emprisonnement et d'affichage doivent, en effet, toujours être appliquées (article 5 § dernier), sauf s'il y a admission de circonstances atténuantes (articles 8 §§ 2 et 3) ; voir ci-dessus, n° 51.

Les articles 57 et 58 du Code pénal fixent le point de départ des cinq ans, délai de la récidive, à la date de l'expiration de la peine d'emprisonnement ou de sa prescription ; l'article 5 de la loi de 1905 le fixe à la date à laquelle la première condamnation est devenue définitive, une simple peine d'amende, comme nous l'avons vu, devant constituer le condamné en état de récidive au cas d'un nouveau délit.

53. DÉPENS. — La disposition contenue dans l'article 9 § 2 est due à un amendement de MM. Cazeneuve et Normand (1re séance de la Chambre du 16 février 1905, *Officiel* du 17 février, p. 371). Il y a là, disait M. Dauzon, rapporteur, « une prime donnée aux villes pour les inviter à créer et entretenir des laboratoires municipaux et à poursuivre la fraude. »

Dans le cas où le condamné serait insolvable, les frais d'expertise dus à la ville ne devraient pas être supportés par le Trésor, comme s'il s'agissait d'une expertise ordonnée par le Parquet ; c'est ce qui semble résulter, du moins, des explications échangées entre le rapporteur et M. Augagneur (*Officiel* du 17 février, *loc. cit.*).

54. INFRACTIONS AUX RÈGLEMENTS D'ADMINISTRATION PUBLIQUE PRÉVUS PAR LA LOI. — Voir ci-dessous, n° 58.

X.

Règlements d'administration publique.

55. POUVOIR RÉGLEMENTAIRE CONFÉRÉ A L'ADMINISTRATION. — L'article 11 prévoit des règlements d'administration publique destinés à assurer l'exécution de la loi. « C'est l'innovation la plus considérable du projet, dit M. Dauzon dans son rapport à la Chambre des députés. Une disposition analogue adoptée par la loi du 4 août 1890 en Belgique a produit chez nos voisins les plus heureux résultats. Au fur et à mesure que les fraudes se présenteront, des décrets rendus dans la forme de règlements d'administration publique fixeront les moyens de prévenir des fraudes analogues dans l'avenir. Tout le côté pratique de la question recevra ainsi le développement nécessaire, et il n'y aura plus à craindre que les fraudeurs, escomptant la lenteur du travail législatif, bénéficient pendant de longues années des nouveaux artifices qu'ils auront imaginés. La loi vaudra ce que vaudra le règlement d'administration publique » (Documents de la Chambre, session ordinaire de 1903, annexe n° 1044, p. 1913).

Plusieurs des lois spéciales ayant pour but la répression de la fraude dans le commerce des engrais, des vins, des beurres, etc., ont, d'ailleurs, déjà été suivies de règlements d'administration publique ; voir ci-dessus, n° 2

Le texte de l'article 11 présenté en dernier lieu par la commission débutait ainsi : « Il sera statué par des règlements d'administration publique rendus, suivant les cas, après avis des comités consultatifs ou techniques compétents, sur les mesures à prendre.... » Sur la demande du ministre de l'agriculture, les mots « rendus, suivant les cas, après avis des comités consultatifs ou techniques compétents » ont été supprimés, le soin étant laissé au gouvernement « de s'entourer de tous les avis soit de savants, soit de négociants, qu'il jugerait utiles, » et aussi des chambres syndicales, des syndicats, associations syndicales, etc., «.... en un mot, je le répète d'une façon définitive, a dit le ministre, pour n'avoir pas à répondre à toutes les observations qui pourraient être présentées sur des points particuliers, je chercherai à m'éclairer auprès de tous ceux qui sont compétents en la matière » (1re séance de la Chambre du 23 février 1905, *Officiel* du 24 février, p. 494 et suiv.).

Les règlements dont il s'agit demanderont un travail long et approfondi ; ils ne sont pas encore rendus (1er janvier 1906), et il paraît actuellement impossible de fixer, même approximativement, la date vers laquelle ils pourront l'être.

56 Mesures sur lesquelles auront a statuer les règlements d'administration publique. — Ce sont toutes les mesures ayant pour but « d'assurer l'exécution de la loi ; » l'énumération contenue dans l'article 11 n'est qu'énonciative, ainsi que l'indique, au premier paragraphe, le mot « notamment » qui primitivement n'y figurait pas.

Le texte de l'article 11, qui avait été voté par le Sénat, conformément au projet déposé par le gouvernement, a été, d'ailleurs, complètement remanié par la commission au mo-

ment de la discussion devant la Chambre, dans le but de le rendre plus clair et plus précis, et aussi de donner satisfaction aux auteurs de divers amendements, dans l'examen desquels il serait prématuré d'entrer tant que les règlements n'ont pas encore été publiés.

57. Application de la loi avant la publication des règlements. — Dans la séance du Sénat du 2 février 1899 (*Officiel* du 3 février, p. 91), M. Richard Waddington, après avoir rappelé que, d'après les termes du rapport de la commission et les déclarations faites à la tribune, les règlements prévus par l'article 11 étaient « en quelque sorte la clef de voûte de la loi », demanda au rapporteur et au ministre de l'agriculture s'ils étaient « bien d'accord sur ce point, à savoir que la loi ne pourrait être appliquée qu'après la publication des règlements d'administration publique. »

M. Viger, ministre de l'agriculture, répondit en faisant une distinction entre : 1° les produits, tels que les engrais, les vins, les sérums, le beurre, ayant déjà fait l'objet de lois spéciales auxquelles sont rendues applicables les pénalités de la nouvelle loi et ses dispositions en ce qui concerne l'affichage et les infractions aux règlements d'administration publique, et 2° les autres marchandises ; pour les premiers de ces produits, la loi serait applicable dès sa promulgation ; pour les seconds, seulement après la publication des règlements ; en d'autres termes, jusqu'à cette publication, l'article 423 du Code pénal et les lois des 27 mars 1851 et 5 mars 1855 auraient été considérés comme toujours en vigueur.

La question se représenta à la Chambre sous forme d'une disposition additionnelle à l'article 16 présentée par M. Perroche et ainsi conçue : « La promulgation de la présente loi aura lieu en même temps que celle des décrets prévus par l'article 10 (redevenu l'article 11) » (1re séance du 23 février 1905, *Officiel* du 24 février, p. 503). Le véritable sens de cette proposition était que la loi ne serait *exécutoire* qu'après la publication des règlements, ainsi que le reconnut M. Perroche, sur l'observation de M. Chaigne.

Mais l'amendement fut rejeté à la demande de M. Ruau, ministre de l'agriculture, et de la commission ; le ministre fit remarquer « qu'il serait impossible, dès la première fois, de tout prévoir, et que, dans ces conditions, la loi ne serait jamais exécutoire. »

La loi du 1er août 1905 est donc bien applicable depuis sa promulgation, c'est-à-dire même avant la publication des règlements d'administration publique prévus par elle, et sans qu'il y ait lieu de s'arrêter à la distinction précédemment faite devant le Sénat par le ministre de l'agriculture, entre les produits ayant déjà fait l'objet de lois spéciales et les autres marchandises, l'exécution d'une loi légalement promulguée ne pouvant, d'ailleurs, être retardée que par un texte formel ; voir, par exemple, les lois du 9 avril 1898, sur les accidents du travail, article 33 ; du 15 février 1902, sur la protection de la santé publique, article 34 ; du 21 mars 1905, sur le recrutement de l'armée, article 96.

Quelque utilité et quelque importance que puissent avoir les règlements d'administration publique dont parle l'article 11 de la loi nouvelle, ils ne sont pas indispensables, du reste, pour l'exécution de celle-ci, dont le texte peut se suffire à lui-même.

58. Infractions aux prescriptions des règlements (article 13). — Ces infractions étant punies de peines supérieures à 15 fr. d'amende et à cinq jours de prison, c'est-à-dire de peines correctionnelles, doivent, en principe du moins, être considérées comme des délits ; comp. Cassation, 25 février 1884, Dalloz, 1886, 1, 427 ; 28 février 1885, Dalloz, 1885, 1, 329 ; 20 avril 1888, Dalloz, 1889, 1, 47 ; Toulouse, 7 février 1889, Dalloz, 1890, 2, 259.

Telle paraît, d'ailleurs, avoir été la pensée du législateur de 1905 ; d'une part, en effet, au moment de la discussion de l'article 13 devant la Chambre, la commission a substitué le mot « infractions » au mot « contraventions » qui figurait dans le projet de loi ; d'autre part, M. Berry avait déposé un amendement tendant à ajouter à l'article 13 un quatrième paragraphe ainsi conçu : « L'article 463 sera applicable aux infractions visées par l'article » (c'est-à-dire par le présent article) (1re séance du 23 février 1905, *Officiel* du 24 février, p. 502) ; mais il retira son amendement sur cette remarque faite par le rapporteur que l'article 8 était applicable « aussi bien pour tous les articles qui prévoient les peines et visent la récidive que pour l'article 13 ; » c'était, en d'autres termes, comprendre les infractions aux règlements d'administration publique parmi les « délits prévus par la présente loi » (article 8).

Pour les mêmes raisons, le bénéfice de la loi de sursis ne pourra être accordé à l'individu condamné pour une de ces infractions que s'il s'agit d'une peine d'emprisonnement (article 8 § 4).

Mais l'article 5, bien que considérant « comme étant en état de récidive légale quiconque ayant été condamné *par application de la présente loi....*, aura.... commis un nouveau délit tombant sous *l'application de la présente loi....* » ne sera pas, malgré ces termes généraux, applicable au cas d'infraction aux règlements d'administration publique. En effet, l'article 13 §§ 2 et 3 prévoit pour ces infractions une récidive spé-

ciale qui ne saurait évidemment se confondre avec celle de l'article 5, et sépare, ainsi, sous le rapport de la récidive, les infractions aux règlements d'administration publique des délits expressément prévus et définis par la nouvelle loi.

Devra-t-on, en ce qui concerne « l'intention frauduleuse », assimiler les infractions dont il s'agit à des délits et surtout aux délits prévus dans les diverses dispositions de la loi de 1905 (voir ci-dessus, notamment nos 8, 20, 26), ou devra-t-on sous ce rapport les considérer comme des contraventions punissables en dehors de toute intention frauduleuse, de toute mauvaise foi de la part du prévenu ? On devra, suivant nous, les considérer comme des contraventions ; car, si ces infractions sont punies de peines correctionnelles, et non de peines de simple police, elles ne constituent pas cependant des manquements à la loi pénale elle-même, mais seulement à des règlements faits par l'autorité administrative pour assurer l'exécution de cette loi, et elles conservent au fond un caractère contraventionnel.

XI.

Lois abrogées ; extension de certaines dispositions de la loi du 1er août 1905 à diverses autres lois.

59. Abrogation des articles 423 et 477 § 2 du Code pénal et des lois des 27 mars 1851 et 5 mai 1855 (article 14 § 1er). — L'article 477 du Code pénal ordonne, dans le numéro 2, la saisie et la confiscation des boissons falsifiées et leur effusion, et, dans le numéro 4, la saisie et la confiscation des comestibles gâtés, corrompus ou nuisibles et leur destruction ; la loi de 1905 ne visant ni les comestibles seulement gâtés, ni ceux seulement nuisibles (voir ci-dessus, n° 24), dont la vente peut toujours cependant être interdite par l'autorité municipale (comp. ci-dessus, n° 30), il était utile de laisser en vigueur l'article 477-4°, tandis que l'article 477-2°, qui ne vise que les boissons falsifiées, devenait sans objet, en présence des disposition générales de l'article 6 de la nouvelle loi.

L'article 1er de la loi du 5 mai 1855 a été complété par l'article 1er de la loi du 24 juillet 1894, punissant la falsification du vin par addition d'eau, même au cas où cette falsification serait connue de l'acheteur ou du consommateur ; cette disposition n'est pas comprise dans l'abrogation de la loi de 1855 ; la loi de 1905 la considère même expressément comme maintenue en vigueur dans l'article 15 § 4.

60. Extension de certaines dispositions de la loi de 1905 a diverses autres lois (article 15). — L'article 15 a pour objet :

1° De rendre applicables aux lois spéciales réprimant la fraude dans le commerce des engrais, des vins, cidres et poirés, des sérums thérapeutiques, du beurre et la fabrication de la margarine (voir ci-dessus, n° 2) les pénalités de la loi de 1905 et les dispositions de celle-ci en ce qui concerne l'affichage et les infractions aux règlements d'administration publique qui seront rendus pour son exécution ;

2° De substituer ces pénalités et ces dispositions à celles de l'article 423 du Code pénal et de la loi du 27 mars 1851, maintenant abrogés, dans tous les cas où des lois postérieures renvoient à ces textes, et notamment dans les diverses dispositions énumérées aux paragraphes 2 et 7 de l'article 15 ;

3° D'appliquer la pénalité de l'affichage aux infractions prévues et punies par les articles 49 et 53 de la loi de finances du 30 mars 1902 (fabrication et emploi de la saccharine ou de toute autre substance édulcorante artificielle), l'article 7 de la loi du 28 janvier 1903 (addition du sucre à la vendange et fabrication des vins de sucre), l'article 32 de la loi de finances du 31 mars 1903 (emploi de glucose dans la vinification), et les articles 2 et 3 de la loi du 18 juillet 1904, ce dernier article modifié par l'article 11 de la loi du 6 août 1905 [1] (formalités à remplir pour les enlèvements de quantités de vins supérieures à vingt hectolitres ; interdiction de la préparation, à Paris, de liquides fermentés autres que les bières, et prohibition de l'introduction dans cette même ville des raisins de vendange).

Ainsi que le dit l'exposé des motifs, aucune atteinte n'est portée à toute cette législation ; les pénalités seules en sont modifiées ou aggravées, afin de rendre la répression de la fraude plus efficace ; voir ci-dessus, n°s 2 et 3.

E. Simon-Auteroche,
docteur en droit,
juge au tribunal civil de Châlons-sur-Marne.

---

(1) Le bulletin publiera prochainement un commentaire de cette loi.

Décret du 31 juillet 1906
portant règlement d'administration publique pour l'application de la loi du 1ᵉʳ août 1905 sur la répression des fraudes et falsifications en ce qui concerne les boissons, les denrées alimentaires et les produits agricoles.

TITRE Iᵉʳ

ORGANISATION ET FONCTIONNEMENT
DU SERVICE DES PRÉLÈVEMENTS

Art. 1ᵉʳ. Le service chargé de rechercher et de constater les infractions à la loi du 1ᵉʳ août 1905 est organisé par l'Etat, avec le concours éventuel des départements et des communes.

Le fonctionnement de ce service est assuré, sous l'autorité du ministre de la justice, du ministre de l'agriculture, et du ministre du commerce, de l'industrie et du travail, dans les départements par les préfets, à Paris et dans le ressort de la préfecture de police par le préfet de police.

2. Les autorités qui ont qualité pour opérer des prélèvements sont :

Les commissaires de police.

Les comissaires de la police spéciale des chemins de fer et des ports.

Les agents des contributions indirectes et des douanes, agissant à l'occasion de l'exercice de leurs fonctions.

Les inspecteurs des halles, foires, marchés et abattoirs.

Les agents des octrois et les vétérinaires sanitaires peuvent être individuellement désignés par les préfets pour concourir à l'application de la loi du 1ᵉʳ août 1905 et commissionnés par eux à cet effet.

Dans le cas où des agents spéciaux seraient institués dans les départements ou les communes pour concourir à l'application de ladite loi, ces agents devront être agréés et commissionnés par les préfets.

3. Une commission permanente est instituée près les ministères de l'agriculture et du commerce, de l'industrie et du travail pour l'examen des questions d'ordre scientifique que comporte l'application de la loi du 1ᵉʳ août 1905. Cette commission est obligatoirement consultée pour la détermination des conditions matérielles des prélèvements, l'organisation des laboratoires et la fixation des méthodes d'analyse à imposer à ces établissements.

4. Des prélèvements d'échantillons peuvent, en toutes circonstances, être opérés d'office dans les magasins, boutiques, ateliers, voitures servant au commerce, ainsi que dans les entrepôts, les abattoirs et leurs dépendances, les halles, foires et marchés, et dans les gares ou ports de départ et d'arrivée.

Les prélèvements sont obligatoires dans tous les cas où les boissons, denrées ou produits paraissent falsifiés, corrompus ou toxiques.

Les administrations publiques sont tenues de fournir aux agents désignés à l'article 2 tous éléments d'information nécessaires à l'exécution de la loi du 1ᵉʳ août 1905.

Les entrepreneurs de transport sont tenus de n'apporter aucun obstacle aux réquisitions pour prises d'échantillons et de représenter les titres de mouvement, lettres de voiture, récépissés, connaissements et déclarations dont ils sont détenteurs.

5. Tout prélèvement comporte quatre échantillons, l'un destiné au laboratoire pour analyse, les trois autres éventuellement destinés aux experts.

6. Tout prélèvement donne lieu, séance tenante, à la rédaction sur papier libre d'un procès-verbal.

Ce procès-verbal doit porter les mentions suivantes :

1° Les nom, prénoms, qualité et résidence de l'agent verbalisateur ;

2° La date, l'heure et le lieu où le prélèvement a été effectué ;

3° Les nom, prénoms, profession, domicile ou résidence de la personne chez laquelle le prélèvement a été opéré. Si le prélèvement a lieu en cours de route, les noms et domiciles des personnes figurant sur les lettres de voiture ou connaissements comme expéditeurs ou destinataires ;

4° La signature de l'agent verbalisateur.

Le procès-verbal doit, en outre, contenir un exposé succinct des circonstances dans lesquelles le prélèvement a été opéré, relater les marques et étiquettes apposées sur les enveloppes ou récipients, l'importance du lot de marchandise échantillonné, ainsi que toutes les indications jugées utiles pour établir l'authenticité des échantillons prélevés et l'identité de la marchandise.

Le propriétaire ou détenteur de la marchandise, ou, le cas échéant, le représentant de l'entreprise de transport peut, en outre, faire insérer au procès-verbal toutes les déclarations qu'il juge utiles. Il est invité à signer le procès-verbal ; en cas de refus, mention en est faite par l'agent verbalisateur.

7. Les prélèvements doivent être effectués de telle sorte que les quatre échantillons soient autant que possible identiques.

A cet effet, des arrêtés ministériels, pris de concert entre le ministre de l'agriculture et le ministre du commerce, de l'industrie et du travail, sur la proposition de la commission permanente, déterminent, pour chaque produit ou marchandise, la quantité à prélever, les procédés à employer pour obtenir des échantillons homogènes, ainsi que les précautions à prendre pour le transport et la conservation de ces échantillons.

8. Tout échantillon prélevé est mis sous scellés. Ces scellés sont appliqués sur une étiquette composée de deux parties pouvant se séparer et être ultérieurement rapprochées, savoir :

1° Un talon qui ne sera enlevé que par le chimiste au laboratoire après vérification du scellé. Ce talon ne doit porter que les indications suivantes : nature du produit, dénomination sous laquelle il est mis en vente, date du prélèvement et numéro sous lequel les échantillons sont enregistrés au moment de leur réception par le service administratif ;

2° Un volant qui porte ces mêmes mentions, mais où sont inscrits, en outre, les nom et adresse du propriétaire ou détenteur de la marchandise, ou en cas de prélèvement en cours de route, ceux des expéditeurs et destinataires.

Ce volant est signé par l'auteur du procès-verbal.

9. Aussitôt après avoir scellé les échantillons, l'agent verbalisateur, s'il est en présence du propriétaire ou détenteur de la marchandise, doit le mettre en demeure de déclarer la valeur des échantillons prélevés.

Le procès-verbal mentionne cette mise en demeure et la réponse qui a été faite.

Un récépissé détaché d'un livre à souche est remis au propriétaire ou détenteur de la marchandise. Il y est fait mention de la valeur déclarée.

En cas de prélèvement en cours de route, le représentant de l'entreprise de transport reçoit, pour sa décharge, un récépissé indiquant la nature et la quantité des marchandises prélevées.

10. Le procès-verbal et les échantillons sont, dans les vingt-quatre heures, envoyés par l'agent verbalisateur à la préfecture du département où le prélèvement a été effectué et, à Paris ou dans le ressort de la préfecture de police, au préfet de police.

Toutefois, en vue de faciliter l'application de la loi, les décisions ministérielles pourront autoriser l'envoi des échantillons aux sous-préfectures ou à tout autre service administratif.

Le service administratif qui reçoit ce dépôt l'enregistre, inscrit le numéro d'entrée sur les deux parties de l'étiquette que porte chaque échantillon et, dans les vingt-quatre heures, transmet l'un de ces échantillons au laboratoire dans le ressort duquel le prélèvement a été effectué.

Le talon seul suit l'échantillon au laboratoire.

Le volant, préalablement détaché, est annexé au procès-verbal. Les trois autres échantillons sont conservés par la préfecture.

Toutefois, si la nature des denrées ou produits exige des mesures spéciales de conservation, les quatre échantillons sont envoyés au laboratoire, où ces mesures sont prises conformément aux arrêtés ministériels prévus à l'article 7. Dans ce cas, les quatre volants sont détachés des talons et annexés au procès-verbal.

11. Les laboratoires créés par les départements et les communes peuvent être admis, concurremment avec ceux de l'Etat, à procéder aux analyses lorsqu'ils ont été reconnus en état d'assurer ce service et agréés par une décision ministérielle prise sur l'avis conforme de la commission permanente.

TITRE II

FONCTIONNEMENT DES LABORATOIRES

12. Des arrêtés ministériels pris de concert entre le ministre de l'agriculture et le ministre du commerce, de l'industrie et du travail déterminent le ressort des laboratoires admis à procéder à l'analyse des échantillons.

Pour l'examen des échantillons, les laboratoires ne peuvent employer que les méthodes indiquées par la commission permanente.

Ces analyses sont à la fois d'ordre qualitatif et quantitatif. L'examen comprend notamment les recherches microscopiques, spectroscopiques, polarimétriques, réfractométriques, cryoscopiques, susceptibles de fournir des indications sur la pureté des produits, la recherche des antiseptiques et des colorants étrangers.

Ces méthodes sont décrites en détail par des arrêtés pris de concert entre le ministre de l'agriculture et le ministre du commerce, de l'industrie et du travail, après avis de la commission permanente.

13. Le laboratoire qui a reçu pour analyse un échantillon dresse, dans les huit jours de la réception, un rapport où sont consignés les résultats de l'examen et des analyses auxquels cet échantillon a donné lieu.

Ce rapport est adressé au préfet du département d'où provient l'échantillon, à Paris et dans le ressort de la préfecture de police, le rapport est adressé au préfet de police.

14. Si le rapport du laboratoire ne relève aucune infraction à la loi du 1er août 1905, le préfet en avise sans délai l'intéressé.

Dans ce cas, si le remboursement des échantillons est demandé, il s'opère d'après leur valeur au jour du prélèvement, aux frais de l'Etat, au moyen d'un mandat délivré par le préfet, sur représentation du récépissé prévu à l'article 9.

15. Dans le cas où le rapport du laboratoire signale une infraction à la loi du 1er août 1905, le préfet transmet sans délai ce rapport au procureur de la République.

Il y joint le procès-verbal et les trois échantillons réservés.

S'il s'agit de vins, bières, cidres, alcools ou

liqueurs, avis doit être donné par le préfet au directeur des contributions indirectes du département.

16. Des arrêtés ministériels, pris de concert entre le ministre de l'agriculture et le ministre du commerce, de l'industrie et du travail, déterminent dans quelle forme les laboratoires doivent rendre compte périodiquement aux préfets du nombre des échantillons analysés, du résultat de ces analyses et signaler les nouveaux procédés de fraude révélés par l'examen des échantillons.

TITRE III

FONCTIONNEMENT DE L'EXPERTISE CONTRADICTOIRE

17. Le procureur de la République informe l'auteur présumé de la fraude qu'il est l'objet d'une poursuite. Il l'avise qu'il peut prendre communication du rapport du directeur du laboratoire, et qu'un délai de trois jours francs lui est imparti pour faire connaître s'il réclame l'expertise contradictoire prévue à l'article 12 de la loi du 1er août 1905.

18. S'il y a lieu à expertise, il est procédé à la nomination de deux experts, l'un désigné par le juge d'instruction, l'autre par la personne contre laquelle l'instruction est ouverte. Celle-ci a toutefois le droit de renoncer à cette désignation et de s'en rapporter aux conclusions de l'expert désigné par le juge.

Les experts sont choisis sur les listes spéciales de chimistes experts dressées, dans chaque ressort, par les cours d'appel ou les tribunaux civils.

L'inculpé pourra toutefois choisir son expert sur les listes dressées par la cour d'appel ou le tribunal civil du ressort d'où il aura déclaré que provient la marchandise suspecte.

19. Chaque expert est mis en possession d'un échantillon.

Le juge d'instruction donne communication aux experts des procès-verbaux de prélèvement ainsi que des factures, lettres de voiture, pièces de régie, et d'une façon générale, de tous les documents que la personne mise en cause a jugé utile de produire ou que le juge s'est fait remettre.

Aucune méthode officielle n'est imposée aux experts. Ils opèrent à leur gré, ensemble ou séparément, chacun d'eux étant libre d'employer les procédés qui lui paraissent le mieux appropriés.

Leurs conclusions sont formulées dans des rapports qui sont déposés dans le délai fixé par l'ordonnance du juge.

20. Si les experts sont en désaccord, ils désignent un tiers expert pour les départager. A défaut d'entente pour le choix de ce tiers expert, il est désigné par le président du tribunal civil.

Le tiers expert peut être choisi en dehors des listes officielles.

21. Sur la demande des experts ou sur celle de la personne mise en cause, des dégustateurs, choisis dans les mêmes conditions que les autres experts, sont commis pour examiner les échantillons.

22. Lorsque des poursuites sont décidées, s'il s'agit de vins, bières, cidres, alcools ou liqueurs, le procureur de la République devra faire connaître au directeur des contributions indirectes ou à son représentant, dix jours au moins à l'avance, le jour et l'heure de l'audience à laquelle l'affaire sera appelée.

23. Il n'est rien innové quant à la procédure suivie par l'administration des douanes et par l'administration des contributions indirectes pour la constatation et la poursuite de faits constituant à la fois une contravention fiscale et une infraction aux prescriptions de la loi du 1er août 1905.

24. En cas de non-lieu ou d'acquittement, le remboursement de la valeur des échantillons s'effectue dans les conditions prévues à l'article 14 ci-dessus.

25. Il sera statué ultérieurement sur les conditions d'application de la loi du 1er août 1905, à l'Algérie et aux colonies.

Arrêté du 1ᵉʳ août 1906
des ministres de l'agriculture, du commerce, du travail et de l'industrie
fixant les mesures à prendre pour le prélèvement des échantillons en exécution de la loi du 1ᵉʳ août 1905 et du décret portant règlement d'administration publique du 31 juillet 1906 sur la répression des fraudes.

Art. **1ᵉʳ**. Chaque prélèvement comporte toujours la prise de quatre échantillons.

Ces quatre échantillons doivent être identiques.

2. Les échantillons prélevés doivent remplir les conditions suivantes :

I. — LIQUIDES

A. — Liquides vendus en litres, demi-litres, bouteilles, demi-bouteilles, flacons, cruchons, portant des cachets, marques et étiquettes d'origine.

1. *Vins, vinaigres. cidres, poirés.* — Un litre ou une bouteille par échantillon

2. *Bières.* — Une bouteille ou une canette.

3. *Eaux-de-vie, cognac. armagnac, rhum, kirsch, apéritifs divers, liqueurs. sirops.* — Une bouteille de 75 centilitres ou un demi-litre par échantillon.

4. *Huiles.* — Une bouteille ou une carafe d'un demi-kilog. par échantillon.

5. *Lait stérilisé.* — Une bouteille ou une carafe d'un demi-litre par échantillon.

6. *Eau-de-vie blanche, esprit de vin, alcool dénaturé, alcool à brûler.*

(Ces produits sont généralement vendus en litres.)

Déboucher l'un de ces litres et en partager le contenu dans quatre flacons d'un quart de litre propres et secs qu'on bouchera avec des bouchons neufs.

On mentionnera au procès-verbal la disposition et le libellé des étiquettes portées sur le litre ainsi employé; si possible, décoller ces étiquettes et les joindre au procès-verbal.

B. — Liquides contenus dans des fûts, réservoirs, bidons, estagnons, intacts ou en vidange.

Les quatre échantillons devront provenir d'un même récipient. Si celui-ci n'est pas encore entamé, s'il est intact, on devra relever minutieusement toutes les marques, cachets ou inscriptions dont le récipient est revêtu pour les mentionner au procès-verbal, avant de procéder au prélèvement, lequel se fera, soit en piquant le fût avec un foret ou une vrille, soit par tout autre moyen approprié.

On tirera dans un vase quelconque, sec et propre (baquet, terrine, broc, etc.), une quantité de liquide suffisante pour constituer les quatre échantillons, puis on répartira ce liquide entre les quatre bouteilles de prélèvement.

Si l'on ne dispose pas d'un vase sec et propre, et qu'on soit dans l'obligation de remplir les quatre bouteilles de prélèvement en tirant directement au fût, par exemple, on devra s'y prendre à deux reprises, c'est-à-dire qu'on commencera par remplir les quatre bouteilles à moitié seulement, puis on les reprendra, dans le même ordre, pour achever de les remplir.

On indiquera soigneusement au procès-verbal la nature du récipient d'où l'on aura tiré le liquide prélevé, sa contenance approximative et, s'il était en vidange, la quantité de liquide qu'il contenait encore au moment du prélèvement.

Dans le cas où le liquide a été mis en bouteilles prêtes à la vente, par le détaillant, on débouchera un nombre suffisant de bouteilles dont on mélangera le contenu dans un vase sec et propre, on remplira avec ce liquide les quatre bouteilles de prélèvement.

Les précautions spéciales à chaque cas, ainsi que les quantités à prélever pour chaque échantillon, sont indiquées ci-après :

Les bouteilles de prélèvement devront toujours être propres et sèches, complètement remplies et bouchées avec des bouchons de liège neufs.

7. *Vins.* — Bouteille d'un litre ou de 800 centimètres cubes au moins, autant que possible en verre blanc, entièrement propres, sèches, sans aucune odeur.

Elles seront, si elles ont déjà servi, lavées à l'eau de cristaux à 5 p. 100. rincées à l'eau froide, puis complètement égouttées. Si elles doivent servir aussitôt après le lavage, elles subiront un second rinçage avec un centilitre de vin prélevé.

Sur wagon-réservoir la prise du volume nécessaire se fera par le robinet de tirage après avoir laissé écouler et rejeter le premier centilitre.

Sur fût, la prise se fera à l'aide d'un trou de fausset fait au foret sur l'un des fonds, à 10 centimètres environ des bords; le trou sera garni d'un ajutage métallique d'écoulement et celui-ci assuré par un trou de fausset fait à la partie supérieure du fût.

On devra avoir soin que les bouteilles ne soient pas plus froides que le vin au moment de l'embouteillage.

8. *Laits.* — Un quart de litre par échantillon, soit un litre pour les quatre échantillons. On prélèvera dans des bouteilles de verre blanc propres, sèches et sans odeur. Avant de les boucher on introduira dans chacune d'elles une pastille rouge spéciale de bichromate de potasse.

Lorsque le prélèvement portera sur du lait en cours de débit, c'est-à-dire placé dans une terrine, sur le comptoir ou dans un pot ouvert. on mélangera soigneusement avec une louche le lait avec la crème montée à la surface avant de remplir les bouteilles de prélèvement.

Si le prélèvement porte sur des pots ou bidons intacts, on relèvera la nature des cachets et des marques dont ils sont revêtus avant de procéder à leur ouverture; on en fera mention au procès-verbal.

On transvasera le lait du pot sur lequel on se propose de faire un prélèvement dans un pot vide semblable, puis on le reversera dans le premier ; ce double transvasement n'a d'autre but que de rendre le liquide homogène, c'est-à-dire de mélanger le lait avec sa crème. On prélèvera alors le lait au moyen d'une louche et en se servant d'un entonnoir on remplira les quatre bouteilles.

Si l'on ne dispose pas d'un pot vide pour effectuer le transvasement favorable au mélange du lait avec sa crème, on agitera fortement le pot avant de l'ouvrir, puis on s'efforcera d'en rendre le contenu homogène en le brassant avec une louche, on devra alors en verser quelques litres dans un vase quelconque sec et propre et se servir de ce liquide pour remplir les quatre fioles de prélèvement. Si l'on ne dispose d'aucun vase sec et propre convenable, on prendra directement dans le pot avec la louche et on remplira tout d'abord les bouteilles de prélèvement à moitié seulement, puis on les reprendra dans le même ordre pour achever de les remplir.

On pourra faire autant de prélèvements, c'est-à-dire prélever autant de fois quatre échantillons qu'il y a de pots.

On pourra aussi faire un prélèvement moyen sur plusieurs pots. Dans ce cas, après avoir agité soigneusement ceux-ci on versera quelques litres de chacun d'eux dans un pot vide, ou dans un vase sec et propre et on remplira les fioles de prélèvement avec ce mélange.

On indiquera au procès-verbal le nombre de pots ainsi employés à ce prélèvement moyen, ainsi que les marques et cachets dont ils étaient revêtus. On devra se munir, pour les prélèvements de laits, d'une louche et d'un entonnoir.

9. *Bières, cidres et poirés.* — Prélever un litre environ par échantillon, dans des bouteilles résistantes (les bouteilles du genre Vichy suffisent). Le bouchon devra être maintenu soit avec une ficelle, soit avec du fil de fer.

Dans le cas de la bière, si celle-ci est tirée au fût au moyen d'une pompe, on aura soin de laisser perdre le liquide qui a séjourné dans les tuyaux de la pompe, soit un quart ou un demi-litre, avant de faire le prélèvement.

10. *Vinaigre.* — Un litre.

11. *Eaux-de-vie, cognac, armagnac, rhum, kirsch, marcs, apéritifs divers* (absinthe, vermouth, bitter, amers, quinquinas, etc), *liqueurs, sirops.* — Un demi-litre.

12. *Huiles.* — Un quart de litre.

Si on constate la présence d'un dépôt ou si l'huile s'est épaissie, ce qui est le cas pour certaines huiles en hiver, on devra mélanger et prélever l'huile trouble. On devra prélever les échantillons dans des fioles d'un quart de litre, en verre blanc, autant que possible.

13 *Eau-de-vie blanche, esprit de vin, alcool à brûler, alcool dénaturé.* — Un quart de litre.

II. — MATIÈRES GRASSES, PATEUSES, SEMI-FLUIDES
(A prélever en pots ou bocaux.)

Pour les produits vendus en pots ou bocaux d'origine, on prélèvera quatre échantillons semblables, après s'être assuré que leurs marques, étiquettes ou cachets sont identiques.

14. *Moutardes.* — Pots de 75 grammes environ.

15. *Confitures, miels.* — Pots de 250 grammes environ.

Pour les produits vendus au détail on placera les échantillons dans des pots de verre, de porcelaine, de terre vernissée du genre des pots employés habituellement pour les confitures ; on s'assurera qu'ils sont propres et secs. La matière prélevée sera recouverte d'un disque de papier paraffiné, parcheminé ou même de papier blanc ordinaire, puis on recouvrira le pot d'un papier propre, solide, que l'on liera avec une ficelle.

16. *Beurres, graisses alimentaires diverses, saindoux, fromages mous.* — 200 grammes environ par échantillon.

Pour les beurres, quand le prélèvement se fera sur la motte, on se servira du fil du couteau ou de la sonde et on aura soin de prendre en tous les points, en se rappelant que certaines mottes sont fourrées, c'est-à-dire que le milieu n'a pas la même qualité que l'extérieur. On prendra ainsi environ 800 grammes de matière qu'on malaxera au couteau, sur une feuille de papier, et dont on fera quatre parts semblables, qui seront placées dans les pots de prélèvement.

17. *Confitures, compotes, miels.* — 200 grammes par échantillon.

Prendre toutes précautions pour assurer la ressemblance des échantillons.

18. *Gâteaux mous* (éclairs, tartes, etc.). — 125 grammes par échantillon.

On constituera les échantillons par un même nombre de gâteaux semblables, si ceux-ci sont petits. S'il s'agit d'une pâtisserie, on prendra des tranches semblables.

19. *Moutarde en pâte.* — 75 grammes environ par échantillon.

Dans ce cas le prélèvement ne se fera plus en pots du genre des pots à confiture, comme précédemment : on emploiera de petits pots de 100 grammes qui pourront être bouchés au liège.

On recouvrira le bouchon d'une feuille de papier qui sera fixée au moyen de ficelle.

III. — MATIÈRES A PRÉLEVER EN BOCAUX
POUR ÉVITER LA DESSICCATION

Ces produits seront prélevés dans des bocaux propres et secs qui seront bouchés avec un bouchon de liège propre et sans odeur. Le bouchon sera recouvert d'une feuille de papier qu'on liera sur le col du bocal avec de la ficelle.

On prélèvera environ un kilogramme de matières qu'on étalera sur une feuille de papier propre, puis après avoir bien mélangé, on fera quatre tas semblables, égaux, qui constitueront les échantillons de prélèvement de 250 grammes environ.

20. *Cafés verts et grillés, en grains ou moulus.* — Dans le cas d'un café en poudre on prélèvera en même temps, quand cela sera possible, le café grillé en grains dont le café moulu est dit provenir.

21. *Farines.* — Si le prélèvement porte sur un sac scellé, on prendra à la sonde dans toutes les parties du sac ; on recueillera le produit des sondages sur une feuille de papier jusqu'à ce que l'on ait obtenu la quantité nécessaire aux quatre échantillons.

22. *Sels de table, sel marin, sel raffiné, sel blanc.* — S'ils sont en boîtes ou en flacons d'origine, on en prélèvera quatre échantillons semblables de 250 grammes.

IV. — PRODUITS SOLIDES OU EN POUDRE

Lorsque ces produits seront vendus en paquets, sacs, boîtes, tubes, flacons d'origine, on prélèvera quatre échantillons semblables après s'être assuré qu'ils sont identiques.

23. *Cacaos et chocolats en poudre ou granulés.* — Boîtes de 250 grammes.

24. *Thés.* — Boîtes ou paquets de 125 grammes.

25. *Chicorées.* — Paquets de 125 grammes.

26. *Produits de la confiserie.* — Boîtes, paquets ou flacons de 125 grammes.

27. *Pâtes alimentaires, tapioca, sagou, salep, arrowroot.* — Paquets ou boîtes de 125 grammes.

28. *Sucre vanillé ou à la vanilline.* — Sachets ou boîtes de 25 grammes.

29. *Moutarde en poudre.* — Boîtes de 125 grammes.

Lorsqu'on prélèvera des produits en poudre, en grains ou en petits fragments, vendus au détail, on prendra la quantité nécessaire à constituer les quatre échantillons, on la placera sur une feuille de papier propre, puis on mélangera avec soin et on partagera en quatre tas semblables formant les quatre échantillons, chacun d'eux sera placé dans un sac de papier qui ne devra pas porter de marques.

30. *Poivre en grains.* — 100 grammes par échantillon.

31. *Poivre en poudre, quatre épices, piment, gingembre, cannelle, muscade, girofle.* — Echantillon de 50 grammes.

Dans le cas où le produit aura été moulu par le débitant, on fera un prélèvement sur le produit en grains, ou entier, qui aura servi à préparer la poudre.

32. *Safran.* — 10 grammes par échantillon

33. *Sucre en poudre.* — 125 grammes par échantillon.

34. *Thés.* — 125 grammes par échantillon.

35. *Pastilles et bonbons de chocolat, bonbons divers, boules de gomme, dragées, pastilles diverses.* — 125 grammes environ par échantillon.

36. *Pâtes alimentaires, semoules.* — 100 grammes par échantillon.

37. *Fleurages.* — 250 grammes par échantillon.

Pour les produits en tablette, en bâtons, en pains, en pièces pouvant être débitées en les vendant à l'unité, on relèvera les marques, cachets et étiquettes dont ils sont revêtus et on en mentionnera au procès-verbal le texte et la disposition. Chaque échantillon sera enveloppé d'une feuille de papier sans marques ou placé dans un sac de papier sans marques.

38. *Chocolat en tablettes, bâtons, croquettes, objets en chocolat.* — 125 grammes par échantillon.

39. *Pâtisseries sèches, petits fours, biscuits.* — 250 grammes par échantillon.

40. *Suc de réglisse.* — 50 grammes par échantillon.

41. *Vanille en gousses.* — Ce produit est généralement vendu en tubes de deux à trois gousses, on prélèvera quatre tubes semblables.

Les produits suivants seront soigneusement enveloppés dans une feuille de papier parcheminé ou paraffiné, puis enfermés dans un sac de papier sans marques.

42. *Pain d'épice.* — 250 grammes par échantillon.

43. *Fruits secs. fruits confits ou glacés.* — 125 grammes par échantillon.

44. *Produits de la charcuterie : saucisses, cervelas, saucissons, andouilles, andouillettes, pâtés de foie, galantine, rillettes, fromage de cochon, jambon, salaisons, lard fumé ou salé, poissons fumés ou salés.* — 150 grammes par échantillon.

Prendre toutes précautions pour que les échantillons soient semblables.

45. *Fromages secs* (gruyère, hollande, roquefort, parmesan, etc.). — Prélever quatre morceaux aussi identiques que possible de 125 grammes chacun.

46. *Pain.* — Prélever quatre échantillons de 125 grammes environ chacun aussi semblables que possible, dans un même pain ou dans deux pains semblables.

V. — CONSERVES

On prélèvera quatre échantillons identiques, c'est-à-dire qu'on s'assurera qu'ils portent les mêmes inscriptions, qu'ils sont du même modèle et du même prix.

47. *Conserves de viande, gibier, volaille, poisson, légumes, fruits, à l'huile, au vinaigre, au vin blanc, au sirop, au sel, etc., en boîtes en fer-blanc, terrines, bocaux ou flacons.* — On prélèvera quatre boîtes, terrines, bocaux ou flacons du plus petit modèle.

COMITÉ DE RÉDACTION

DU BULLETIN-COMMENTAIRE DES LOIS NOUVELLES & DÉCRETS

Recueil mensuel, fondé en 1894. — Abonnement annuel, **7** fr.; étranger, **8** fr.

LÉONCE BELZACQ, DIRECTEUR, 103, BOULEVARD SAINT-MICHEL, PARIS (V°)

N. B. — Tous les commentaires sont rédigés dans un sens essentiellement pratique, par des auteurs connus et appréciés, dont le nom fait autorité en la matière traitée, plusieurs spécialistes concourant souvent au même article.

Autant que possible chaque fascicule mensuel n'est consacré qu'à une seule monographie, formant un tout bien complet et facile à consulter dans toutes les circonstances de la vie publique et privée.

A cet effet, des index très complets, placés au commencement ou à la fin de l'article, permettent de trouver immédiatement la solution cherchée.

Recherches gratuites sur toutes questions bibliographiques et juridiques pour les abonnés au **Bulletin-Commentaire des Lois Nouvelles et Décrets** *et remise de 15 %, sur tout ouvrage de librairie.* — Ecrire à M. BELZACQ, directeur, 103, boulevard Saint-Michel, Paris (V°).

BULLETIN-COMMENTAIRE DES LOIS NOUVELLES & DÉCRETS

Recueil mensuel. — Abonnement annuel, **7** fr.

103, boulevard Saint-Michel, à Paris (Vᵉ)

Léonce BELZACQ, Directeur

Tous les articles sont rédigés par d'éminents jurisconsultes, spécialistes dans la matière traitée

INDICATION DES PRINCIPALES MATIÈRES TRAITÉES

I. — De 1894 à 1899 inclus

Deux tomes réunis en un fort volume de 1.284 pages. Prix net, relié demi-chagrin rouge, **25** *fr.*

Accidents du travail.—**Animaux domestiques** (Police, protection, vente) — **Anarchistes** (Menées). — **Armée** (Étudiants. Service de deux frères. Membres du Parlement). — **Assistance médicale gratuite.**

Boissons. — **Brocanteurs** (Commerce de). — **Budgets** (de 1893 à 1899). **Cadastre** (Revision du). — **Caisse nationale des retraites.** — **Caisses d'épargne.** **Caisses de retraites, de secours et de prévoyance** (Employés et ouvriers). — **Cautionnements.** — **Chambres de commerce.** — **Chasse** (Police de la). — **Conseils généraux.** — **Contributions directes et taxes** (de 1896 à 1899). — **Crédit agricole.**

Domaines congéables. — **Droits électoraux** (Officiers ministériels destitués). **Eaux** (Régime des). — **Enfants naturels.** — **Enfants** (Violences). — **Enseignement public** (Responsabilité civile). — **Epoux survivant** (Droits de l'). — **Actes de l'état civil** (Mentions). — **Etrangers** (Cautions. Séjour et travail). — **Explosifs.**

Fabriques paroissiales. — **Femmes électeurs** (Tribunaux de commerce). — **Femme témoin.** — **Fonds de commerce** (Nantissement). — **Frais dus** aux officiers ministériels. — **Habitations à bon marché.** — **Huissier** (Secret des actes d').

Inscription maritime. — **Instruction judiciaire modifiée.** — **Jours fériés.** — **Juges de paix** (Audiences foraines).

Lettres de change. — **Dons et legs** (à des personnes morales).

Mariage. — **Marins** (Caisse de retraite). — **Malfaiteurs** (Associations).

Nationalité. — **Notaires** (Honoraires des).

Opposition (Salaires et petits traitements). — **Outrages** aux bonnes mœurs. — **Ouvriers mineurs.**

Pêche fluviale. — **Police administrative.** **Récolte** (Police rurale). — **Réhabilitation** des condamnés. — **Revision** des procès criminels.

Saisie-arrêt sur salaires et petits traitements. — **Salubrité publique.** — **Sécurité publique.** — **Séparation de corps.** — **Simple police** (Appel des jugements de). — **Sociétés de secours mutuels et statuts modèles.** — **Sociétés par actions.** — **Succession** (Rapport à).

Tarif des notaires. — **Taxe militaire.** — **Travaux publics** (Dommages causés par les).

Valeurs étrangères. — **Ventes des objets abandonnés** chez les aubergistes et hôteliers. — **Vins** artificiels et fraudes.

Warrants agricoles.

II. — De 1900 à 1905 inclus

Trois tomes réunis en un fort volume de 1,560 pages. Prix net, relié demi-chagrin rouge, **30** *fr.*

Accidents du travail (Lois de 1902 et 1905). — **Actes de l'état civil** aux armées. — **Actions**
de priorité et d'apport. — **Affouage.** — **Agriculture** (Crédit. Dégâts par le gibier. Assurance). — **Alambics** (Contrôle). — **Animaux** (Police sanitaire). — **Armée** (Service de deux ans). — **Assistance** (Gestion). — **Assistance judiciaire** (Réorganisation) — **Associations et congrégations.** — **Assurances** (Compétence).

Bail emphytéotique. — **Boissons.** **Bouilleurs de cru.** — **Brevets d'invention.** — **Budgets** (de 1900 à 1905). — **Bureaux de bienfaisance et d'assistance.** — **Bureaux de placement.**

Casier judiciaire. — **Chemins de fer** (Responsabilité). — **Communes** (Affouage. Organisation municipale. — Autorisation de plaider. — Construction des maisons d'école. Dons et legs). — **Congrégations** (Associations. Enseignement). — **Conseil d'Etat.** — **Conseils généraux.** — **Contributions directes et taxes assimilées** (de 1900 à 1905). — **Contributions** (Réclamations sur). — **Conventions internationales** (Mariage. Tutelle. Divorce. Séparation de corps. — Procédure civile. — Compétence judiciaire).

Décentralisation administrative. **Dons et legs** (aux communes et établissements publics ou de bienfaisance).

Employés (Retraites. Placement). — **Enfant mineur** (Garde Représentation). — **Enregistrement** (Lois de 1900 à 1905).

Force armée (Réquisitions).

Gendarmerie (Organisation).—**Gibier** (Dégâts). **Habitations à bon marché.** — **Hygiène et sécurité** des travailleurs. — **Hypothèques** (Formalités).

Inhumations (Monopole des communes).

Justices de paix (Compétence nouvelle de la loi de 1905. Réorganisation).

Logements insalubres.

Maisons d'école (Construction d'office). — **Mariage à l'étranger.** — **Marine marchande.** **Notariat** (Réforme. Aptitudes).

Objets abandonnés chez les ouvriers et industriels. — **Obligations militaires.** — **Officiers ministériels** (Suppression. Destitution. Frais). — **Organisation municipale.** — **Ouvriers des mines** (Retraites et secours).

Placement (Ouvriers et Employés). — **Police sanitaire des animaux.** — **Prud'hommes** (Réorganisation de la loi de 1905).

Quotité disponible entre époux.

Réhabilitation (de droit, des faillis). — **Responsabilité** (Accidents. Enseignement. Transporteurs). — **Réservistes et territoriaux** (Travail réservé).

Santé publique. — **Sapeurs-pompiers.** — **Sociétés** (Crédit et assurances agricoles). — **Sociétés de secours mutuels et unions.** — **Successions** (Régime fiscal. Quotité disponible). — **Sucres** (Nouveau régime).

Taux de l'intérêt légal. — **Testament** (Armée. Colonies). — **Titres au porteur perdus** ou volés. — **Traite des blanches.** — **Transporteurs** (Responsabilité). — **Tutelle** (Mineurs étrangers).

Usages locaux.

Valeurs de Bourse (Vente à crédit. Perte ou vol). — **Vente des objets abandonnés** chez les ouvriers et industriels. — **Vices rédhibitoires.**

www.ingramcontent.com/pod-product-compliance
Ingram Content Group UK Ltd.
Pitfield, Milton Keynes, MK11 3LW, UK
UKHW020035080726
13614UKWH00004B/1770